Mourir en vie !

jean monbourquette
denise lussier-russell

Mourir en vie!

les temps précieux de la fin

NOVALIS

Mourir en vie!
est publié par Novalis.

Illustration: Nina Price.

Éditique: Christiane Lemire.

©**Copyright 1992:** Novalis, Université Saint-Paul, Ottawa.

Dépôts légaux: 4ᵉ trimestre 1992
Bibliothèque nationale du Canada
Bibliothèque nationale du Québec

Réimpression 1994

Novalis, C.P. 990, Outremont (Québec) H2V 4S7
ISBN: 2-89088-575-5
Imprimé au Canada

Données de catalogage avant publication (Canada)

Monbourquette, Jean
    Mourir en vie!: les temps précieux de la fin
    Comprend des réf. bibliogr.
    ISBN 2-89088-575-5
    1. Soins en phase terminale – Aspect psychologique.
2. Pastorale des malades en phase terminale   3. Mort – Aspect psychologique.   I. Lussier-Russell, Denise, 1936-   . II. Titre
R726 .8.M66 1992   155.9'37   C92-097179-2

NOVALIS

NOTA: Pour alléger la lecture de ce livre, nous avons opté pour le genre non marqué, c'est-à-dire le masculin, qui renvoie aussi bien à des femmes qu'à des hommes.

Avant-propos

Ce livre est né d'un événement bien ordinaire. Un de mes étudiants me demanda un jour de lui suggérer un livre d'accompagnement qu'il pourrait offrir à son oncle qui venait d'apprendre l'extrême gravité de son cancer. Nous avons donc cherché des volumes qui pourraient aider cet homme à se préparer à mourir pour vite nous rendre compte que, malgré une abondante documentation sur la mort et sur le mourir, il n'existe que très peu de livres pour les personnes en fin de vie. C'est alors que nous est venue l'idée d'écrire un livre qui permettrait à ces personnes de profiter le plus possible des temps précieux de leur fin de vie.

À l'automne 1990, nous avons formé une équipe de recherche, dans le cadre de la maîtrise en Sciences pastorales. Après avoir dressé un inventaire des besoins de la personne qui entrevoit la fin plus ou moins prochaine de sa vie, nous avons fait l'ébauche d'un livre dont les thèmes pourraient répondre à ces besoins. Les résultats de nos recherches ont été consignés dans un mémoire de maîtrise (Comeault: 1991), auquel avaient participé Jules Comeault, Jacinthe Drouin, Jeannine Mayer, Michel Mercier et Ghislain Tremblay.

Le projet du livre: *Mourir en vie!* s'est concrétisé davantage quand Denise Lussier-Russell accepta l'invitation de poursuivre, avec moi, l'écriture du livre. À cause de sa longue expérience et de sa compétence en soins palliatifs, Denise était la personne toute désignée pour m'aider à mener à bien le projet.

Cet ouvrage s'inscrit donc dans le grand courant des soins palliatifs, dont l'idéal est de permettre à la personne en fin de vie d'améliorer sa qualité de vie, de jouir de la plus grande autonomie possible sur tous les plans de sa vie et d'utiliser au maximum les temps précieux qui lui restent. Ainsi pourra-t-elle continuer sa croissance humaine et spirituelle, achever les projets commencés, faire ses réconciliations et ses adieux, et réussir à bien vivre la fin de sa vie et sa propre mort.

Je m'en voudrais de ne pas remercier, en mon nom et au nom de Denise Lussier-Russell, toutes les personnes qui ont contribué à la réalisation de ce projet. D'abord, un grand merci aux mourants eux-mêmes, nos maîtres, et à toutes les personnes qui nous ont communiqué leurs observations sur le mourir. Nous exprimons notre gratitude toute spéciale à Denise de Montigny, qui a révisé l'écriture du manuscrit, à Pierrette Carignan et aux sœurs de la Charité d'Ottawa, Jeannine Frappier, Marie Potvin et Gisèle Jubinville, qui nous ont fait des remarques constructives à la lumière de leur expérience de malades et d'accompagnatrices, ainsi qu'au frère Alphonse Nadeau, recherchiste. Je remercie également le Docteur André Rochon, qui a écrit le texte de base du chapitre sur la douleur.

Jean Monbourquette

Directives pour bien utiliser ce livre

À qui s'adresse-t-il?

Ce livre s'adresse d'abord aux personnes qui entrevoient la fin prochaine de leur vie; il peut également être d'une grande utilité pour les accompagnateurs et les membres de la famille. Les personnes désireuses de se libérer de leur peur de mourir peuvent aussi en tirer profit, de même que celles qui voudraient commencer une réflexion sur leur propre mourir.

Comme tu as déjà pu le constater en jetant un coup d'œil sur la table des matières, ce livre s'adresse à toutes les dimensions de l'être humain et surtout aux personnes de tradition spirituelle chrétienne.

Nous avons conçu le livre et la structure des chapitres de manière à ce que tu puisses t'en servir par et pour toi-même, selon ton énergie, ton rythme personnel et ta préférence du moment. Certes, ce livre ne remplace pas les accompagnateurs; il peut, par contre, les aider dans leurs rôles de soutien et de témoins.

Les personnes dont les capacités mentales sont diminuées ou dont l'énergie est monopolisée par la souffrance ne pourront peut-être pas profiter d'un tel instrument: c'est pourquoi nous prévoyons l'enregistrer sur cassette pour permettre à un plus grand nombre de personnes de s'en servir.

Comment profiter de ce livre

Ce livre a été conçu comme un livre d'autogestion. Tu pourras donc en faire usage comme bon te semblera. C'est un instrument de travail personnel, qui fournit des réflexions, propose des pistes de croissance et suggère des prières.

C'est aussi un guide souple, chaque chapitre formant un tout. Tu peux donc choisir le chapitre qui répond le mieux à tes besoins du moment, sans avoir à tenir compte de l'ordre de présentation des chapitres.

Comment faire les exercices

Les exercices que nous te suggérons ont été choisis ou créés dans le but de t'apporter un soulagement intérieur. Dans l'ensemble, ils sont simples et exigent peu de temps et de concentration.

Après essai, tu décideras quels exercices te conviennent le mieux. Répète-les à ta guise. Bravo si l'un ou l'autre exercice passe à l'état d'habitude: tu te créeras alors une «trousse» d'aides pour les moments difficiles.

Préparation physique

En adoptant une position physique confortable, tu te permettras de bénéfier davantage de l'exercice. Nous te conseillons de prendre le temps de bien t'installer chaque fois que tu fais un exercice.

1. INSTALLE- TOI

    a) Si tu es assis, mets tes deux pieds par terre, appuie bien ta colonne vertébrale sur le dossier, baisse les épaules et place tes mains sur tes genoux.

    b) Si tu es couché, lève tes genoux et soutiens-les par un coussin; garde ton corps bien étendu, droit, et place un petit oreiller sous ta nuque.

2. SOUTIENS toutes les parties douloureuses de ton corps à l'aide de petits coussins. Si tu as de la difficulté à trouver une position confortable, demande à une infirmière de t'enseigner comment le faire: elles sont expertes en positionnement.

3. ASSURE-TOI une intimité suffisante: ferme la porte de ta chambre, suspends une pancarte: «Ne pas déranger», débranche le téléphone, etc.

4. CRÉE UNE AMBIANCE calme: adoucis la lumière, ferme les rideaux, diminue les bruits, etc.

    Plusieurs de ces exercices exigent la présence d'un accompagnateur qui peut t'écouter sans te juger.

Préparation mentale

Au début de chaque méditation ou imagerie, nous te demandons de prendre le temps d'entrer en toi-même. Puis, à la fin, permets-toi de revenir doucement à l'extérieur, en respectant ton propre rythme. En règle générale, chaque exercice comprend trois étapes: l'intériorisation, l'exercice lui-même et le retour.

1. INTÉRIORISATION

    Pour t'aider à bien entrer en toi, nous allons te donner certaines directives de base. Il est important que tu prennes le temps de faire chacune d'entre elles, puisque cela te permettra de relaxer et de te centrer. Ces directives suivront presque toujours le modèle suivant:

    Installe-toi bien. Regarde les formes et les couleurs autour de toi. Puis, si cela peut t'aider, ferme les yeux. Écoute les bruits; prends conscience des points de contact de ton corps sur la chaise ou le lit. Fais silence autour de toi et en toi. Prends conscience de tes inspirations et de tes expirations, sans toutefois les changer. Détends doucement les tensions de ton corps et entre de plus en plus profondément dans ton monde intérieur.

2. EXERCICE

3. RETOUR

Il est important que tu t'accordes du temps pour revenir à l'extérieur après l'exercice. Cela équivaut un peu à la période de détente que s'imposent les athlètes après leur session d'entraînement. Tu remarqueras que nous faisons alors appel à plusieurs des sens: le toucher, l'ouïe, la vue; nous allons même jusqu'à te demander de frapper dans tes mains pour t'aider à bien réintégrer le réel. Nos directives suivent donc à peu près toujours le modèle suivant:

À ton propre rythme, prends le temps de revenir à l'extérieur. Prends conscience des points de contact de ton corps sur la chaise ou le lit; entends les bruits; regarde à l'extérieur; et frappe dans tes mains.

Comment utiliser les prières

La prière est une relation consciente et personnelle avec Dieu. C'est pourquoi nous ne pouvons pas te dire comment prier. Nous te suggérons, par contre, des prières qui poursuivent le thème de chaque chapitre. Nous croyons qu'elles pourront susciter chez toi un élan de prière. L'idéal, c'est qu'une fois inspiré par la prière présentée, tu puisses créer ta prière personnelle. Conserve ces prières à ton chevet: tu pourras les dire seul ou demander à tes amis de te les réciter dans tes moments de fatigue. Surtout, reste en présence de Jésus Christ lui-même, qui adresse une constante prière à son Père pour toi.

Et l'humour?

Dans ce livre à l'allure si grave, nous avons voulu t'apporter une note humoristique sur le mourir et la mort. Pourquoi de l'humour dans ces moments dramatiques? Parce que l'humour nous fait prendre nos distances envers la maladie et la mort et nous amène ainsi à une plus grande maîtrise de ces pénibles réalités. De plus, l'humour demeure le meilleur antidote contre les peurs paralysantes qui entourent la mort et nous force à abandonner nos idées stéréotypées sur celle-ci. Puisse la partie humoristique devenir un «sourire dans l'œil de la sagesse» de ceux qui apprennent à bien vivre leur mort.

Les annexes

Nous avons voulu mettre à ta disposition un ensemble de renseignements afin d'éclairer les choix nécessaires à ta situation et de mettre de l'ordre dans tes affaires le plus tôt possible. Pour ne pas alourdir le contenu du livre, nous avons rassemblé ces informations importantes en annexes.

Pour t'aider à vivre la démarche proposée, le texte de certains exercices a été enregistré sur cassette audio. Le signe 🎞 permet de les identifier dans le volume.

Affronter

1
L'invitation au voyage

> *Demain je partirai*
> *Je couperai les amarres*
> *Je ne sais où je vais*
> *Où veux-tu me conduire ?*
>
> Anonyme

PRÉSENTATION

Cette invitation au voyage s'adresse à toi. Tu viens de prendre conscience du temps limité qu'il te reste à vivre. Peu à peu, cette conscience de ta mort plus ou moins prochaine devient de plus en plus envahissante. Malgré ta foi qui te rappelle que la mort n'est pas la fin de tout, il se peut que tu te sentes atteint dans toute ta vie, au point de ne plus être capable de maintenir une qualité de vie.

Nous t'invitons donc à ce voyage, où tu demeureras le seul maître à bord. Comme ce sera intéressant et épanouissant pour toi de prendre en charge chacune des étapes du voyage! En communion avec tes proches, tu pourras faire tous les préparatifs et, en autant que faire se peut, tu pourras prévoir les changements et les orientations à apporter à ton itinéraire pour atteindre cette destination inconnue.

C'est important, car c'est ton voyage à toi.

Nous voulons t'accompagner, ainsi que les tiens, tout en te rappelant la présence active de Jésus Christ ressuscité qui fait route avec toi pour t'accueillir dans le pays merveilleux du Dieu vivant.

RÉFLEXION

L'histoire d'un grand voyageur

Un homme, qui venait d'apprendre qu'il était atteint d'une maladie incurable, vivait de terribles moments d'angoisse. Connaissant sa passion pour les voyages, deux de ses amis voulurent l'aider à s'apprivoiser à ce dernier voyage: ils lui composèrent l'histoire qui suit:

Il était une fois un célèbre voyageur, né dans un petit village accroché aux flancs d'une colline et dominé par une charmante petite église. Dès sa tendre enfance, il avait contemplé les horizons infinis qui l'invitaient à la découverte d'autres mondes. Dès qu'il le put, il répondit à l'appel, et cela à plusieurs reprises. C'est ainsi qu'il devint un «grand voyageur».

Il préparait très bien chacun de ses voyages. Il se traçait un itinéraire détaillé. Pour mieux communiquer avec les peuples qu'il visitait, il n'hésitait pas à apprendre les rudiments de leur langue. Pourtant, malgré ses minutieuses préparations et sa hâte de partir, notre voyageur se sentait submergé par de noirs sentiments quand sonnait l'heure du départ; inquiet et angoissé, il se demandait s'il avait apporté l'essentiel: documents, argent, billet d'avion, etc. En fait, il ne commençait à jouir de son voyage que lorsque son avion était en plein vol.

Parmi ses nombreux projets de voyage, il en était un qui l'attirait tout particulièrement. En effet, durant toute sa jeunesse, il avait entendu parler d'un merveilleux pays et écouté les récits du seul voyageur qui en était revenu. Ce dernier en avait rapporté des souvenirs si magnifiques que ses récits soulevaient l'enthousiasme de générations en générations. Tous ceux qui les avaient entendus entretenaient l'espoir d'aller vivre un jour dans ce pays vaste et paisible. Notre voyageur était de ceux-là.

Il passa des années à étudier l'histoire, les mœurs et les attractions de ce lointain pays. Il brûlait surtout du désir d'en rencontrer le Maître et Artiste-Architecte. Il ne pouvait s'empêcher de partager son enthousiasme et son amour pour cette terre de rêve.

Cependant, il lui arrivait parfois de douter de lui-même: peut-être n'arriverait-il jamais à être accepté des habitants de ce pays? Puis, ses doutes s'envolaient; la confiance de pouvoir se présenter et d'être accepté comme il était, avec ses qualités et ses défauts, l'enthousiasmait à nouveau.

Arriva enfin le jour de la confirmation de son départ. Au lieu d'éprouver une immense joie, le grand voyageur en fut tout abattu. C'était trop vite. Il lui restait tant de choses à faire. Il éprouva un agacement qui escalada jusqu'à la colère. Comment pourrait-il être prêt à temps? Comment parviendrait-il à exécuter tout ce qu'il désirait accomplir avant de partir?

Au fil des jours, il se souvint de ses autres voyages: s'il avait vécu une grande anxiété à chaque départ, jamais il ne s'était laissé abattre par ses peurs. Il se remémora la joie de l'arrivée, la rencontre de nouvelles personnes et le plaisir de revoir de vieux amis. Il parvint ainsi à se convaincre que ce voyage-ci serait semblable aux autres.

Même s'il ignorait l'heure exacte de son départ, cela ne l'empêcha pas de faire les préparatifs nécessaires. Il prit le temps de rédiger son journal, car il voulait partager la sagesse qu'il avait acquise au cours de tous ses voyages, y compris celui-ci. Savourant chaque minute qu'il lui restait avec ses proches, il utilisa tous ces instants pour leur communiquer sa passion pour la destination rêvée. Au fur et à mesure qu'il se préparait, ses craintes commencèrent à s'estomper.

Mais voici qu'à l'aéroport, il se sentit une fois de plus envahi par une crise d'anxiété. Tout concourait à augmenter son malaise: circulation intense, longue filée au guichet, tracasseries de la douane, attente prolongée du départ... Enfin, l'avion prit son envol et glissa vers le ciel azuré. Une grande détente et une grande paix envahirent notre voyageur: la joie du voyage l'emporta sur toutes ses appréhensions.

Il était maintenant certain qu'il allait trouver ce qu'il avait toujours recherché. La pensée de revoir des êtres chers qui l'avaient précédé dans ce beau pays lui apporta réconfort et bonheur. Sans compter qu'il allait enfin rencontrer le Maître-Artiste qui, il en était convaincu, l'attendait depuis fort longtemps.

(Texte inspiré d'une histoire de Roger Fortin)

PISTE DE CROISSANCE

Dès le début, nous t'encourageons à accepter de vivre ces moments précieux de ta vie. Quand tu te sentiras prêt, nous t'invitons à écrire ton nom dans ce livre qui t'accompagnera à travers les étapes de ta croissance. Ce sera le premier signe que tu acceptes l'invitation à ce voyage ultime de ta vie.

Ta signature: ....

Date: ....

PRIÈRE

Au Dieu des vivants

Dieu des vivants, donne-moi la grâce et le courage
de ne jamais démissionner ou de devenir passif
ni devant la vie, ni devant les événements,
ni devant la maladie, ni devant la souffrance,
ni devant les découragements temporaires,
ni même devant ma mort,
et de tout transformer, à l'exemple de ton Fils Jésus,
en geste de liberté, en acte de Vie, en offrande d'amour.

HUMOUR

Le médecin s'approche d'un air sérieux du lit de son patient et lui dit: «Il est de mon devoir de vous avertir que vous avez une maladie très grave qui vous emportera dans un avenir prochain. Aimeriez-vous parler à quelqu'un?» Le patient laisse échapper un faible murmure. Le médecin se penche donc tout près de lui et répète la question. Il entend alors le patient lui répondre: « Oui, à un autre médecin!»

2
Le choc de la dure réalité

*Le plus long chemin au monde
est le chemin entre la tête et le cœur.*

Source commune

PRÉSENTATION

Hier, tu te sentais bien. Aujourd'hui, une investigation ou un test médical t'avertit que tu es habité par une maladie incurable.

Hier, au cours de ta longue maladie, tu étais soutenu par ton espoir de guérison; aujourd'hui, cet espoir ne semble plus réaliste.

Hier, tu caressais encore l'illusion de ton immortalité. Aujourd'hui, tu pressens que tu ne guériras pas. Ton rêve d'immortalité s'envole.

Le choc

Le temps s'est arrêté. Le présent, le passé et le futur semblent se figer en un bloc interminable. Tu te sens traqué et pressé par un danger inconnu et mystérieux. Tu te recroquevilles pour te protéger de l'incontrôlable. Tes muscles se tendent et deviennent insensibles; tu ne sens plus rien, ni plaisir, ni peine, ni joie, ni frustration. Ta fine intelligence ne semble plus saisir le réel. Ta mémoire te joue des tours. Tu te surprends à demander pour la troisième fois: «Est-ce bien mardi aujourd'hui?»

Les gestes quotidiens les plus simples te demandent beaucoup d'énergie et te prennent un temps fou. La perception du réel se couvre d'un voile mystérieux.

Dis-toi que ces réactions sont normales dans ta situation.

La fonction de la phase du choc est d'insensibiliser ton organisme pour te permettre de mobiliser tes ressources.

L'angoisse

Pendant cette période du choc, il est probable que tu ressentes des secousses d'angoisse. Ta gorge se serre; ta poitrine devient lourde et tendue; ta respiration se fait haletante; ton cœur bat plus rapidement; tu as chaud, puis une sueur froide surgit sans raison. Tu te trouves quelque peu dispersé et tu manques de concentration au travail. Toutes ces réactions sont tout à fait normales et passagères.

Le déni de la réalité et l'espoir de guérir

Au milieu de ces bouleversements intérieurs, il se peut que tu vives des périodes de déni. Tout à coup, il semble que rien n'a changé. Tu te surprends à penser et même à dire tout haut:

— «Non, ce n'est pas vrai. C'est un cauchemar dont je vais me réveiller.»

— «Ce n'est pas possible à mon âge.»

— «Sûrement, les médecins se sont trompés. Je vais demander l'opinion d'un vrai spécialiste.»

— «Il doit se trouver un remède miracle quelque part.»

— «C'est un événement que le temps va arranger.»

— «Ce n'est pas le temps de mourir, j'ai encore tellement de projets à réaliser!»

Parfois, tu étonnes tout le monde et même, tu t'étonnes toi-même, par le calme et le détachement avec lesquels tu parles de ta situation, un peu comme si ce drame arrivait au voisin. Dans ton entourage, on admire ta manière de «bien prendre cela». Tu sais bien, avec ta tête, que la fin est inévitable, qu'elle arrivera un jour, mais une partie de toi-même ne veut pas y croire. Entre ton intelligence et ton cœur existe un long chemin à parcourir. Fais confiance à la sagesse de ton organisme: il te protège en te donnant le temps de mobiliser tes ressources avant d'affronter graduellement toutes les implications de ta maladie dans ta vie.

L'espoir de guérir

Parmi tous tes espoirs, celui de guérir est le plus tenace. Il est bon de l'entretenir, car qui sait? On connaît des guérisons que la science ne peut expliquer. Par ailleurs, nous voulons te conseiller de ne pas mettre toute ton énergie dans cet espoir. Advenant que tu ne guérisses pas, ne serait-il pas plus prudent de te préparer également à faire face à l'incertitude de l'avenir?

RÉFLEXION

Tu as besoin de temps pour comprendre ces réalités nouvelles et «donner un sens» à celles-ci. Tu pourras ainsi les assumer petit à petit dans ta vie.

Peut-être qu'au cours de cette période de déni tu auras envie de protéger tes proches en leur cachant tes vrais sentiments. Ton intention de ne pas leur faire mal est louable. Mais, ce faisant, n'y a-t-il pas danger de t'isoler dans un silence étouffant, de créer un malaise encore plus grand entre vous et de bloquer une communication ouverte?

Au milieu de la confusion du choc et du déni, les suggestions suivantes pourront te servir de balises:

— Accepte d'être confus pour un certain temps.

— Ne prends *aucune décision importante* pour le moment. Si tu dois le faire, fais-toi accompagner d'une personne en qui tu as confiance.

— Entoure-toi de tout l'amour qui t'est accessible.

— Revois, avec une personne compétente, les données de ta situation: les paroles du médecin, les impressions perçues, les symptômes corporels, etc.

— Respecte le plus possible ta routine habituelle.

— Fais silence et accueille avec patience ce qui se passe en toi.

— Attends, avec confiance, un nouvel équilibre.

— Rappelle-toi les ressources personnelles qui t'ont soutenu au cours de crises antérieures.

Pour toi, vivre une journée à la fois devient une grande sagesse.

Témoignage

Dans *Le chant de mes jours,* Jean Cameron nous décrit l'évolution de son état de choc:

«Il y a à peine deux semaines, je n'aurais pas été capable d'écrire ces lignes. Ma paix intérieure avait été brisée. Une panique s'était emparée de moi. Lentement et graduellement, j'en arrive à constater qu'aucune réalité n'est vraiment aussi terrible que sa crainte. Je sais aujourd'hui qu'il est possible d'accepter la réalité dont je parle, et même d'une certaine manière de se mesurer avec elle. Je suis persuadé que ceux qui m'aiment auront la force et le courage de m'aménager un accueil quelque part, dans l'hypothèse où je deviendrais un trop lourd fardeau.»

(Cameron 1986: 23-24)

PISTE DE CROISSANCE

Les litanies de l'amour et de l'amitié

> Voici un exercice très simple qui a aidé plusieurs personnes à surmonter leur angoisse. Prends une position de détente. Tu peux fermer les yeux si tu le désires. Commence par te réciter à toi-même la liste des personnes, des animaux, des plantes et des objets qui t'aiment. Par exemple :
>
> Jean m'aime. Ma mère m'aime. Denise m'aime. Mon ami Arthur m'aime.
>
> Mon chien m'aime. Le soleil m'aime. Ma fougère m'aime. Dieu m'aime.
>
> JE M'AIME.
>
> Vas-y rondement, sans te questionner sur le degré ou la qualité de l'amour. L'important pour toi est que tu prennes conscience des multiples et diverses formes d'amour qui t'entourent. Tu peux répéter à plusieurs reprises ta liste d'amours.
>
> À la fin de l'exercice, prends le temps de revenir à l'extérieur de toi et de ressentir l'effet de l'exercice sur toi.
>
> (Monbourquette 1984 : 58)

Un graphique reposant

La concentration sur une image crée, en règle générale, un calme intérieur. Cet exercice ne prend que quelques minutes.

INTÉRIORISATION

Installe-toi bien. Regarde les formes et les couleurs autour de toi. Puis, si cela peut t'aider, ferme les yeux. Écoute les bruits. Prends conscience des points de contact de ton corps sur la chaise ou le lit. Fais silence autour de toi et en toi. Prends conscience de tes inspirations et de tes expirations, sans les changer. Détends doucement les tensions de ton corps et entre de plus en plus dans ton monde intérieur.

EXERCICE

1. Concentre-toi sur le graphique. Suis des yeux le mouvement de la ligne.

2. Ferme les yeux et refais-le en imagination.

3. Sens chaque mouvement de ta main.

4. Concentre-toi sur l'image intérieure.

5. Poursuis l'exercice aussi longtemps que tu le désires.

PRIÈRE

Dans ce temps de choc, d'angoisse et de déni, il arrive souvent que l'on n'ait pas envie de prier. Parfois, on n'y pense même pas. Aussi est-ce important d'adopter une manière de prier qui soit la plus simple possible.

Prends conscience de la proximité de Dieu. Affirme sa présence, même si tu le sens loin de toi, tel le soleil derrière les nuages.

Voici un exemple de prière spontanée:

> Pourquoi maintenant?
> Pourquoi, Seigneur,
> le mal me frappe-t-il maintenant?
> Pourquoi bouleverse-t-il si radicalement ma vie?
> J'ai tant de choses à réaliser,
> tant de projets à mettre à jour.
> Réponds-moi, Seigneur,
> et dissipe l'angoisse qui m'étreint.

(Bulliard 1988: 26)

Et toi, quelle est la prière spontanée qui monte en toi?

Prière silencieuse

Il se peut que tu cherches un moyen de prier sans parole: alors ferme les yeux et place-toi en présence de Dieu. Prends conscience de ta respiration comme étant le souffle de vie qui t'a été donné en cadeau tout spécial. Respire simplement dans cette conscience. Demeure dans cet état de prière aussi longtemps que tu le veux, sans te forcer ni prolonger indûment.

HUMOUR

La veuve, dont le mari était mort en faisant l'amour, racontait l'événement à son docteur: «Monsieur le docteur, pendant que nous faisions l'amour, moi, je croyais qu'il s'en venait; mais non, il s'en allait.»

3
Choisir son attitude

*Le vrai problème n'est pas de savoir
si nous serons vivants après la mort
mais si nous serons vivants avant la mort.*

Maurice Zundel

PRÉSENTATION

Ta situation de grand malade te plonge dans un monde nouveau: le monde médical. Que tu le fréquentes depuis un certain temps ou que tu y entres pour la première fois, tu vivras sans doute un choc culturel.

Le milieu physique de l'hôpital est bien différent de ton foyer. Ton espace vital est restreint; la température ambiante et les odeurs sont différentes. La nourriture n'a pas le même goût. Tu es soumis à une nouvelle routine quotidienne. Le langage, le «médicalais», même parlé en français, te paraît bien étrange. Souvent, tu te retrouves dans une chambre avec de parfaits inconnus. Tout semble fonctionner sous une autorité hiérarchique et mystérieuse. Et, pour comble de malheur, on exige que tu revêtes une jaquette «semi-privée».

Ce n'est pas étonnant que, devant tous ces changements, tout ton être crie: **arrêtez, c'en est trop!** C'est dans cet état que tu as à faire les choix très importants.

RÉFLEXION

Au milieu de ces bouleversements, quelles sont tes réactions?

— Tu te sens impuissant.

— Tu n'oses pas t'affirmer.

— Tu deviens hostile, entêté.

— Tu te fais insolent pour maintenir l'apparence de contrôle de la situation.

— Tu te retires et t'isoles.

— Tu as tendance à accuser les autres d'incompétence.

— Tu affiches un air calme et serein pour cacher tes inquiétudes.

— Tu nies tes besoins intérieurs.

— Tu crains d'embarrasser ton entourage.

— Tu t'efforces d'être toi-même. Tu te permets de vivre et d'exprimer tes émotions et sentiments, pénibles ou agréables.

— Tu oscilles d'une réaction à l'autre.

Impuissance individuelle et impuissance collective

Si tu vis une ou plusieurs des réactions mentionnées ci-dessus, c'est que le sentiment d'impuissance te domine. «Pauvre de moi, on ne peut plus m'aider», semble te dire ta petite voix intérieure. Tu as l'impression de percevoir le même sentiment chez tes proches et tes soignants et, tel un écho, tu sembles entendre la même constatation: « Pauvre de lui, on ne peut plus l'aider.»

Cette réaction est aussi fausse que fréquente. Il y a, certes, une impuissance réelle à vouloir éviter à tout prix l'évolution de la maladie et la venue de la mort; mais tant que tu demeures conscient, tu es encore capable d'apprendre, de jouir, d'aimer et de choisir. Et ceux qui t'entourent peuvent t'aider à vivre ainsi. Le choix le plus crucial est de décider si tu vas vivre ou subir ta vie. Décider de vivre signifie assumer petit à petit toutes les facettes de ta vie et faire des choix réalistes.

Quant aux émotions que tu vis, tu as le choix de les exprimer ou de les rejeter. Si tu les réprimes, elles risquent de ressurgir à des moments inappropriés et de diminuer ta capacité de vivre. Si tu les exprimes, tu les assumeras et en seras libéré. C'est grâce à ta liberté de choisir que tu deviens puissant.

En accueillant et en exprimant toute la gamme de tes émotions, tu te permettras de sentir une nouvelle vie en toi. Ces émotions, tu peux les exprimer de bien des façons: tu peux les dire, les dessiner, les écrire, les prier, etc.

Une fois que tu auras bien respecté ton émotivité, tu pourras choisir comment tu veux vivre ta maladie. Selon le grand psychiatre Victor Frankl, ce qui aide le plus à continuer à vivre, c'est de choisir son attitude devant la souffrance. Sache que ce chemin rocailleux au départ te conduira à la paix intérieure. Si, au contraire, tu te cabres, si tu refuses de ressentir et de choisir de vivre, tu prends alors le chemin sans issue de la résignation.

Les quelques suggestions suivantes peuvent faciliter ta prise en charge:

— Décider de faire la vérité sur ton vécu, qu'il soit agréable ou désagréable.

— Choisir avec qui tu veux le partager.

— Te fier à tes ressources personnelles.

— Te rappeler comment tu as su surmonter d'autres difficultés au cours de ta vie.

— Prendre conscience de tes préjugés sur les soignants à la lumière de la réalité dont tu es témoin.

— Faire alliance avec certains de tes soignants.

L'ultime liberté, c'est de choisir son attitude devant la souffrance.

Témoignage

À la suite de l'amputation de sa jambe, une infirmière décrit ses réactions:

«J'ai eu le privilège de côtoyer de très près des personnes aux prises avec une maladie grave. J'ai été témoin de cette sorte de dépendance passive qui s'installait chez certains, alors que d'autres s'appropriaient le processus même de leur mourir. Ces deux attitudes: vivre l'événement ou le subir m'ont interpellée jusqu'à l'intime de mon être quand j'ai dû, à mon tour, faire face à cette même situation.

Je vivais alors cette heure difficile où je devais, dans tout mon être atteint par le cancer, apprivoiser la réalité de la mort: non celle des autres, mais la mienne. Dure réalité! Surgissements de peurs profondes, de résistances affolées, de négations inavouées. Confrontations douloureuses du savoir et du senti... Luttes à poursuivre, confiance à donner, mille et un conseils à discerner, espoirs permis, foi ébranlée, espérance à ressusciter... En un mot, choix d'une option à prendre, face au défi de vivre jusqu'au bout et intensément cette vie qui ne m'était jamais apparue aussi précieuse. J'ai vécu douloureusement les premières annonces de la maladie, écrasée que j'étais par le poids de la douleur et de la souffrance morale. J'ai fait confiance à Dieu, et je crois l'avoir toujours prié, même dans mes colères, mes révoltes et ma détresse. J'ai aussi fait confiance à l'équipe soignante: médecin, infirmières, pharmacien, thérapeutes, travailleur social, agents de pastorale, première équipe qui a soutenu mes efforts dans cet apprentissage nouveau.

J'étais aimée tangiblement par mes proches et mes amis.

Et dans cette nouvelle école de la vie, la mort à apprivoiser, je suis convaincue que j'ai toujours le choix de dire oui à une vie qui se transforme, consciente aussi que pour bien la vivre jusqu'au bout, j'aurai toujours besoin de l'aide de l'autre, cet autre qui prend et qui prendra différents visages tout au long du voyage.

J'aimerais bien, je souhaite même de tout mon cœur que, le temps venu, quelqu'un soit

> là pour me redire encore peut-être une dernière fois ce que la Vie m'aura enseigné, tout au long de mon passage ici-bas. Merci.
>
> Pierrette Lortie Carignan, Gatineau (Québec)

PISTE DE CROISSANCE

Les exercices suivants ont été choisis pour t'aider à réduire tes frustrations. Prends le temps de les faire et recommence aussi souvent que tu en sens le besoin.

Réduire tes frustrations

Voici un plan d'action pour t'aider à réduire tes frustrations:

1. Dresse d'abord une liste de tes frustrations:

_____

_____

2. Parmi celles que tu viens de nommer, choisis la frustration que tu trouves la plus difficile à vivre:

_____

_____

3. Laisse monter, sans les censurer, toutes les solutions possibles et impossibles, réalistes ou farfelues.

_____

_____

_____

4. À la lumière des solutions que tu viens d'énumérer, trouve une solution efficace, réaliste et acceptable pour t'aider à solutionner cette frustration.

_____

5. Détermine comment et quand tu initieras le moyen propre à solutionner, ou au moins à atténuer, ta frustration.

_____

6. Si tu le veux, tu peux consulter une autre personne et te préparer avec elle à communiquer avec tes soignants.

7. Vérifie, après coup, si ton action a été efficace.

_____

Nouveaux apprentissages

Après avoir nommé et assumé une partie de tes frustrations, il serait important que tu découvres les aspects positifs de ta situation de malade. Par exemple, c'est un temps d'arrêt qui te permet d'entrer en contact avec tes sentiments, d'accueillir les autres, etc.

Prends le temps de faire la liste de tes nouveaux apprentissages et relis-les souvent pour t'aider.

PRIÈRE

Seigneur, donne-moi

la **sérénité** d'accepter les choses que je ne puis changer,

le **courage** de changer les choses que je peux,

et la **sagesse** d'en connaître la différence.

HUMOUR

Un médecin examine un homme à l'agonie. Il se tourne vers sa femme et lui demande: «Depuis combien de temps râle-t-il ainsi?» L'épouse lui répond: «Depuis que nous sommes mariés.»

———

À ta naissance, tu as pleuré alors que le monde entier se réjouissait. Vis de telle sorte qu'à ta mort le monde entier pleure et toi, tu te réjouisses.

Aphorisme indien.

FAIRE DES CHOIX POUR MIEUX VIVRE

Pour poursuivre l'idée du troisième chapitre, qui est de t'encourager à prendre en charge ta situation de malade, nous avons ajouté l'annexe 1 à la fin du livre: tu y trouveras un ensemble de renseignements sur les options qui se présentent à toi. Nous espérons ainsi pouvoir t'aider à prendre des décisions pertinentes sur la manière de vivre ta maladie. Ces pages, tu pourras les consulter seul ou avec ton accompagnateur, selon tes besoins et selon le niveau de ton énergie du moment.

Nous avons pensé ajouter une formule de *Testament biologique* et de *Mandat en cas d'inaptitude,* en annexe 2, pour t'aider à prévenir tout acharnement thérapeutique à ton égard.

Vivre

4
Plonger dans le moment présent

*Pourquoi se priver de joie
parce qu'un jour, on va mourir ?
Vivre chaque minute qui passe ;
déguster, savourer chaque événement.*

Suzanne Charest

PRÉSENTATION

Le temps passe, court, file et, comme des grains de sable, glisse entre les doigts de la main qui tente de le retenir.

Chacun, selon son tempérament et ses priorités, se situe de manière différente à l'égard du temps. Certains le gaspillent ou le tuent, d'autres n'en ont jamais assez. Ce qui est certain, c'est que le temps qui passe ne laisse personne indifférent.

Lors d'un événement plus marquant, comme un anniversaire, un deuil, une conversion ou une maladie sérieuse, on développe une nouvelle conscience du temps et de son importance. Il devient alors plus urgent de poursuivre une plus grande qualité de vie et de goûter chaque minute qui fuit. Le temps bien vécu devient alors la préoccupation majeure dans la vie.

RÉFLEXION

L'échéancier

À cause de ta situation, tu te poses sans doute la question suivante: «Combien de temps me reste-t-il à vivre?» Question aussi légitime qu'embêtante. Seule une réponse claire et précise t'apporterait une sécurité, une sorte de prise sur ton avenir. Cependant, toute réponse demeure, au mieux, approximative et basée sur des probabilités statistiques. Tu ne peux donc en tirer un échéancier précis.

Que ces probabilités te suggèrent un long ou un court laps de temps, tu restes encore devant l'incertitude car personne, mais vraiment personne, ne peut prédire la date exacte de ta mort. Autant le moment de ta naissance a été déterminé par l'interaction mystérieuse des hormones de ta mère et de l'enfant que tu étais, autant le moment de ta mort le sera par toi et ton Dieu. Il semble que la conscience de ton état physique et ton intuition personnelle te permettront les prédictions les plus sûres.

Diverses manières de vivre le temps

Ce qui est clair pour le moment, c'est que ta guérison est peu probable, et que tu as à choisir ta manière de vivre le temps qu'il te reste.

Devant la réalité de la mort, certaines personnes deviennent très préoccupées par le manque de temps. Elles vivent dans une continuelle frénésie de tout voir, de tout connaître et de tout faire. Ainsi développent-elles une insatisfaction chronique: on les sent absentes et préoccupées, toujours en train de courir intérieurement.

Par contre, d'autres personnes sont bloquées par l'idée de leur mort et se cramponnent au passé, soit pour le louanger ou pour se perdre dans d'interminables regrets. Pour elles, le futur n'offre rien de stimulant puisqu'elles ne le voient que sous l'angle de la souffrance. Elles sont figées intérieurement.

Enfin, il y a des personnes qui vivent pleinement le présent, des personnes pour qui toutes ces heures allouées sont précieuses. Riches de l'expérience de leur passé, elles font confiance aux promesses de l'avenir. Conscientes de leur finitude, elles apprécient le temps alloué et veulent profiter du moment présent, le seul disponible. Elles plongent au cœur de leur être pour y trouver le calme, le silence et la dimension d'Éternité qui les habite.

Leurs perceptions de la vie changent. Elles découvrent, chaque jour, le merveilleux dans l'ordinaire et l'amour dans les êtres. C'est pourquoi elles attachent de l'importance à la rencontre de chaque personne et aux événements vécus. Elles vivent dans «le temps de Dieu» et, par ce fait même, elles sentent le besoin de célébrer la vie. Elles dégagent une telle qualité de présence calme et sereine que plusieurs recherchent leur compagnie.

La question clé

Et toi, comment veux-tu vivre cette dernière étape de ta croissance? Combien précieuses peuvent devenir ces heures pour t'intérioriser, pour approfondir tes relations avec les autres, pour faire le bilan de ta vie et pour continuer à percer le sens de ton existence. Plus que jamais, tu as la possibilité de découvrir l'amour qui sous-tend ta vie et la présence de ton Dieu qui te recrée chaque jour. Auras-tu le courage de te servir de ce temps précieux pour partager ta sagesse et laisser des traces?

Il serait facile d'abandonner la lutte, de démissionner, de te replier sur toi-même et de laisser à d'autres le soin de planifier et d'organiser ton temps précieux. N'as-tu pas, dans le fait d'être malade, une excuse socialement acceptable?

Souviens-toi: tu as le pouvoir de vivre ou de subir les événements. Le temps qui t'est alloué est plus important encore que celui que tu as déjà vécu. Malgré les inconvénients de l'appareil médical et la faiblesse progressive de ton corps, ces heures peuvent devenir les plus intenses de ta vie.

Témoignage

Vers la fin de sa vie, saint François d'Assise se retrouva malade, aveugle et vivant une profonde détresse. Plusieurs frères de sa communauté s'opposaient à la pauvreté si chère à François, créant ainsi une division. Il se demandait sérieusement s'il n'aurait pas dû devenir un père de famille, tout simplement. De plus, Dieu semblait très loin dans sa prière et il se sentait rejeté de tous. François avait perdu sa joie.

Sœur Claire, cherchant des moyens de remettre François sur le chemin de la paix, lui dit:

«Dieu ne partage pas notre impatience.

Il sait attendre comme seul un père sait attendre.

Car il y a un temps pour tous les êtres,
mais ce temps n'est pas le même pour tous.

Le temps des choses n'est pas le temps des bêtes.
Et celui des bêtes n'est pas celui des humains.
Et par-dessus tout, il y a le temps de Dieu
qui renferme les autres et les dépasse.
Le cœur de Dieu bat au rythme de son éternelle miséricorde.»

François répondit: «Vous avez raison, sœur Claire. Je vois que mon trouble et mon impatience partent d'un fond trop humain. Je ne vis pas dans le temps de Dieu. Apprendre à vivre dans le temps de Dieu, c'est sûrement le secret de la sagesse et la source d'une grande paix.»

Et François retrouva sa joie.

(Leclerc 1991)

PISTE DE CROISSANCE

Vivre le temps présent

L'exercice suivant te permettra de vivre ton présent et ainsi de goûter à ce moment d'infini. L'exercice consiste à répéter: «Je suis conscient de...» devant toute une gamme de perceptions. Par exemple:

— Je suis conscient de mes mains qui touchent le drap.

— Je suis conscient des images dans ma tête.

— Je suis conscient que je me parle.

— Je suis conscient de la couverture sur mes pieds.

Nous t'invitons à commencer à répéter: «Je suis conscient...» et d'y aller bon train. On ne peut pas se tromper dans ce genre d'exercice. Après quelques minutes de ces prises de conscience, tu te sentiras plus vivant.

Quand tu te sentiras plus à l'aise avec l'exercice, tu pourras te spécialiser sur tes perceptions de l'extérieur, telles que «Je suis conscient des couleurs du mur», ou sur tes perceptions de l'intérieur de toi-même, comme «Je suis conscient de mon dialogue intérieur.»

Tu peux même t'exercer à une conscientisation encore plus précise, en te spécialisant dans un mode de sensation. Par exemple:

— Les sensations visuelles externes: je suis conscient de la lumière, des ombres, des formes, des lignes, de la couleur des murs, etc.

— Les sensations auditives externes: je suis conscient du bruit des pas dans le corridor, du ronronnement de l'ascenseur, du bruit de la porte, du sifflement du vent, des chuchotements de mon voisin, etc.

— Les sensations corporelles: je suis conscient de la pression de mes bas sur mes pieds, du poids de mes lunettes, du frottement de ma chemise sur mon cou, etc.

— Les sensations visuelles internes: je suis conscient de la couleur du toit de la maison paternelle, du bleu azur de la mer, etc.

— Les sensations auditives internes: je suis conscient de la mélodie de ma chanson préférée, de la voix de mon ami, du bruit du tonnerre, etc.

— Les sensations corporelles internes: je suis conscient de mon estomac, d'un point à mon épaule gauche, d'une douleur au genou gauche, etc.

PRIÈRE

Je crois, Seigneur, qu'au bout de la nuit,
il n'y a pas de nuit mais l'aurore.

Je crois, Seigneur, qu'au bout de l'hiver,
il n'y a pas d'hiver mais le printemps.

Je crois, Seigneur, qu'au bout du désespoir,
il n'y a pas de désespoir mais l'espérance.

Je crois, Seigneur, qu'au bout de l'attente,
il n'y a pas d'attente mais la rencontre.

Je crois, Seigneur, qu'au bout de la mort,
il n'y a pas de mort mais la vie.

La mort est un gain, de Joseph Folliet
(Bulliard 1988: 116)

Prière du cœur

Prends le temps de te mettre en présence de Dieu. Ferme les yeux et prends conscience du temps qui passe. Sois simplement attentif au silence en toi et autour de toi. Écoute le silence. Écoute ton cœur qui bat. Écoute la présence de Dieu en toi. Goûte le silence. Demeure dans cette conscience du temps qui passe, aussi longtemps que tu t'y sens bien.

HUMOUR

Le prêtre demande à l'un de ses paroissiens âgé de 96 ans: «Pensez-vous encore aux femmes, son père?» Le vieillard lui réplique: «Mon jeune, tu apprendras que ça arrête seulement une demi-heure après la mort!»

5
Vivre la colère et la culpabilité

Les émotions non exprimées ont tendance à s'imprimer pour longtemps.
Source commune

PRÉSENTATION

Quand la période de choc commence à s'estomper et que tu ne peux plus nier ta réalité intérieure, il n'est pas rare que monte en toi un flot d'émotions souvent incontrôlables, dont la colère et la culpabilité. Certes, tu seras surpris de l'intensité de ces émotions. Rappelle-toi cependant que cela est tout à fait normal. Ton défi, c'est de savoir gérer ce flot émotionnel.

RÉFLEXION

Le sentiment de colère

La colère est une émotion saine, qui surgit au moment d'une profonde déception ou frustration. Elle nous sert à défendre notre territoire, à éliminer une menace ou encore à repousser un agresseur. Tu peux éprouver une colère légitime à la suite d'une erreur commise par un soignant, d'une insulte ou d'un manque de considération de la part d'un des tiens.

Il existe aussi des colères de nature plus subjective. La nouvelle de ta grave maladie crée en toi le sentiment d'un grand danger. Il est donc naturel que tu aies envie de protester, de te révolter et de manifester ta colère. Mais, comment te battre contre la maladie, cet adversaire sournois et souvent inaccessible? Si ta colère ne peut trouver un ennemi, elle cherchera une cible. Il arrive souvent qu'elle se déplace et se retourne contre les gens qui t'entourent. Parfois, tu vas en vouloir aux soignants: les médecins, les infirmières, l'aumônier et les autres. Ils semblent tellement impuissants à t'aider!

De la même façon, tes proches deviennent souvent la cible de ta colère. D'abord, parce qu'avec eux tu te donnes le droit de l'exprimer sans avoir peur d'être rejeté et que, souvent, c'est l'occasion de laisser monter de vieilles frustrations non exprimées. Il se peut que tu te fâches contre ceux que tu aimes, parce qu'ils ne paraissent pas comprendre l'importance de ta peine et de ta souffrance ou parce qu'ils sont impuissants. Par moments, tu diriges ta colère vers des forces extérieures inconnues et menaçantes; tu te révoltes alors contre la vie, le destin, Dieu, la malchance, etc.

À d'autres moments, tu ressens plutôt un sentiment d'indignation à l'égard de ton sort. Tu te surprends à envier les bienportants et à avoir honte de ton état de malade, surtout à la vue de personnes plus âgées que toi en bonne santé.

Presque tous ceux qui vivent une situation comme la tienne passent par une période marquée de vagues d'agressivité et même de révolte qui s'élèvent en eux et puis s'atténuent. Il est important que tu reconnaisses et accueilles cette agressivité intérieure, qu'elle soit sous forme d'irritabilité, de frustration, d'indignation, de jalousie ou de colère. C'est une force de vie que tu peux gérer.

Tu te surprendras à dire des réflexions telles que:

— Pourquoi moi et non les autres?

— Pourquoi les médecins sont-ils si incompétents devant ma maladie?

— Pourquoi le bon Dieu m'a-t-il fait ça à moi qui ai toujours fait ma religion?

— C'est la faute du patron, qui m'a demandé de faire trop de travail!

— Ma famille m'a causé trop de stress. C'est ce qui m'a rendu malade.

— Pourquoi ça m'arrive à moi, qui ai toujours surveillé ma santé, et non à ces drogués et à ces alcooliques?

— Il y a beaucoup trop de bruit dans l'hôpital. Les infirmières n'ont aucune considération pour les patients.

Reste bien en contact avec ton agressivité. Demande-lui: «Qu'est-ce que tu veux me dire? Quel est ton message?» Si tu lui manifestes assez de patience, tu te rendras compte que, sous ta colère, se cachent d'autres émotions et sentiments. Il se peut que tu découvres que tu vis un sentiment d'impuissance, ou un sentiment de blessure profonde, ou un sentiment d'humiliation et de honte; que tu te sentes victime d'injustice, etc.

Prends le temps de laisser ces sentiments monter en toi, de les accueillir, de les accepter comme tiens et de les digérer.

Puis demande-toi si tu veux manifester ta colère ou non. Et si tu veux l'exprimer, rappelle-toi que tu gardes la responsabilité de la manière dont tu choisis de le faire.

Le sentiment de culpabilité

À la suite d'une colère, il arrive que tu te sentes coupable d'avoir accablé des personnes somme toute innocentes. Tu t'en veux d'avoir «engueulé» l'infirmière, d'avoir été sarcastique envers ton médecin et de t'en être pris à ton conjoint qui ne semblait pas te comprendre. Il se peut même que tu t'accuses d'avoir été la cause de ton état physique actuel: tu as trop fumé; tu n'as pas fait assez d'exercices physiques; tu as négligé de te faire examiner par le médecin... Tu passes ton temps à te dire des «j'aurais bien dû...»

Il serait bon que tu fasses la distinction entre trois sortes de culpabilité.

Il y a d'abord une culpabilité saine, qui t'aide à prendre conscience que tu n'as pas agi selon tes idéaux et tes principes moraux. Elle t'aide à te reconnaître en toute vérité. Entre autres choses, elle te fait voir ta participation, si minime soit-elle, à ta maladie. Évite, par ailleurs, de te reconnaître comme le seul responsable de ta maladie, car tu dois aussi considérer les autres causes étrangères à ta volonté, comme l'hérédité, le stress, la pollution, etc.

Pour soulager une telle culpabilité, tu n'as qu'à reconnaître tes torts et en parler à ton Dieu, tout en sachant à l'avance qu'il t'a pardonné. Tu peux aussi te confier à quelqu'un en qui tu as une grande confiance. Peut-être voudras-tu entendre prononcer les paroles de pardon de la bouche d'un prêtre lors d'une confession...

Si, même après t'être confessé, tu ressentais un fort sentiment de culpabilité devant Dieu, comme s'il t'avait puni en t'envoyant une maladie grave, il serait urgent que tu en parles avec ton accompagnateur. Sans doute es-tu habité par l'image d'un faux dieu. Au lieu de voir en lui le Père compatissant, il se peut que tu le considères comme un juge sévère. Une telle idée provient peut-être de tes antécédents familiaux et de ta formation religieuse. C'est sûrement une occasion magnifique de faire la découverte et la rencontre du Dieu d'amour qui t'attend à bras ouverts comme le père de l'enfant prodigue.

La deuxième forme de culpabilité s'exprime par des accusations et des reproches incessants envers toi-même. Tu te dis: «Je n'aurais pas dû me fâcher» ou encore «Je suis donc bête: je fais de la peine à tout le monde...»

Ces sentiments qui t'accablent d'une façon obsessionnelle sont très souvent le résultat d'une peine et d'une colère qui se retournent contre toi, parce que tu n'as pas pu les exprimer suffisamment. Nous te suggérons de découvrir sous le «je me sens coupable de...», les «je t'en veux parce que...» qui sont restés bloqués en toi. Pour cela, tu peux faire l'exercice «Gérer sa culpabilité» inclus dans la Piste de croissance qui suit.

Il existe une troisième forme de culpabilité: c'est celle qui découle de ta situation de créature et d'être limité. Plusieurs personnes se sentent coupables d'accepter d'être malades, ce qui signifie ne pas pouvoir continuer à vivre comme les autres, à travailler, à se battre contre la maladie. Ce genre de sentiment de culpabilité est, en fait, un sentiment d'impuissance. Tu sens que tu ne peux pas en faire davantage dans ta situation. Seule l'acceptation de tes limites réelles peut changer cette impuissance en un sentiment d'humilité et te disposer à une plus grande liberté.

PISTE DE CROISSANCE

Exercice pour gérer ta colère

1. Tout d'abord, si ta colère est consciente, reste bien en contact avec les énergies qui l'entourent. Si ta colère est plus ou moins consciente, reste en contact avec les tensions de ton corps, qui en garde une mémoire fidèle.

2. Concentre-toi sur tes malaises et tes tensions, sans pour autant vouloir les changer ou les éliminer. Ces tensions qui camouflent des émotions et des sentiments t'appartiennent et veulent te donner un message. Demande-leur ce qu'ils veulent te dire. Le seul fait d'accepter leur message te relaxera et te détendra.

3. Trouve des moyens d'exprimer le vécu de la colère. Par exemple, fais un geste d'affirmation non offensif, comme serrer le poing, donner un coup sur la table, dire «non» intérieurement, etc. Parle de ta colère à une personne qui sait l'écouter sans l'alimenter, ou utilise d'autres moyens tels le dessin, l'écriture, l'exercice, etc.

4. Sers-toi de l'énergie de ta colère pour affirmer tes besoins et tes insatisfactions. Évite d'accuser les

autres. Dis tout simplement tes émotions. Remarque la grande différence entre: «Vous manquez de considération quand vous m'apportez une soupe froide» et «Je suis fâché quand vous m'apportez une soupe froide, car je digère mal les aliments froids.»

5. Excuse-toi de tes sautes d'humeurs quand ton agressivité s'est injustement tournée envers tes soignants et tes proches.

6. Dépense l'accumulation d'adrénaline de ton corps par des exercices physiques appropriés à ton état de santé, tels que tordre une serviette, frapper sur ton lit avec tes poings, pousser sur le mur, etc.

Exercice pour gérer ta culpabilité obsessionnelle

Si tu te sens tiraillé par un sentiment de culpabilité qui ne lâche pas prise, nous t'invitons à faire l'exercice suivant:

1. Imagine que la personne envers laquelle tu te sens coupable se trouve devant toi. Vois-la, entends-la, ressens sa présence.

2. Commence à lui dire: «Je me sens coupable envers toi parce que...» Poursuis ta déclaration jusqu'à ce que ta culpabilité soit bien exprimée. Exemple: «Je me sens coupable parce que je ne t'ai pas écrit... parce que je ne pense pas assez à toi... parce que je ne t'exprime pas assez mon affection...»

3. Maintenant, au lieu de dire que tu te sens coupable, dis-lui: «Je t'en veux parce que...»; avec le «je t'en veux», risque une raison pour laquelle tu lui en voudrais. Exemple: «Je t'en veux parce que tu es parti de ma vie et que tu y as laissé un grand vide.» Répète cette phrase même si, au début, elle ne semble avoir aucun sens pour toi.

4. Après avoir épuisé les «je t'en veux», dis-lui comment tu l'aimes.

PRIÈRE

Témoignage d'une prière de colère

D'abord, un mot sur la colère à l'égard de Dieu. Il se peut que tu aies beaucoup de difficulté à prier, parce que tu es en colère contre Dieu. Ta prière peut alors devenir un cri de révolte, comme celui de l'auteur du *Psaume des cancéreux:*

> Du fond de l'abîme
> des chambres blindées,
> ils crient vers toi, Seigneur,
> les cancéreux irradiés...
> Ils crient leur peur;
> ils crient leur espoir.

Mon Dieu, pourquoi m'as-tu abandonné?
Je crie: assez!
et tu n'entends pas...
chimiothérapie par les poisons,
plus un cheveu pour se dresser
sur ma tête!
Et toi, Tu disais les avoir comptés!
Hier, mon dernier cil est tombé;
mes amis s'éloignent de moi,
à ma famille, je fais peur...
Es-tu sourd?
Toi le roc, la citadelle,
Berger qui abandonne ses brebis...
De toute ma voix, je t'appelle!
Seigneur, écoute les cris
des plus pauvres de tes enfants...
Toi qui es venu pour les petits,
Toi qui as pleuré la mort d'un ami,
Toi le Ressuscité,
Tu as pris la souffrance, la peur, la mort,
sur la croix!
Alors pourquoi?

(Prier 1989: 22)

As-tu remarqué comment l'indignation et la colère, une fois exprimées, font place à une humble demande au Dieu humble et impuissant de Jésus Christ? Dieu ne te promet pas de t'enlever ton mal, mais tu peux compter sur lui pour t'accompagner dans les moments pénibles.

Ton psaume personnel

À ta façon, partage à Dieu ce que tu vis aujourd'hui. Il te connaît mieux que toi-même.

— Prends le temps de ressentir ce que tu vis et de nommer les émotions qui t'habitent.

— Reste bien en contact avec ton cœur.

— Confie à Dieu ce que tu ressens, dans tes propres mots.

— Sois attentif à la réponse du Seigneur.

Prière devant une image du Christ

Fais silence autour de toi. Écoute tout le remou émotionnel en toi. Place-toi devant une image du Christ ou devant la croix. Regarde cette image, longtemps et en silence. Puis pense à la situation qui te met en colère. Passe lentement d'une image à l'autre, sans rien forcer. Quant tu auras le goût de terminer cette prière, prends le temps de laisser s'envoler ces images avant de revenir dans la pièce.

HUMOUR

Étrange testament: «Je lègue tous mes biens à mon épouse, à condition qu'elle se remarie le plus tôt possible. Car je désire qu'il y ait au moins une personne qui me regrette.»

6
Assumer la tristesse

*C'est la nuit qu'il est beau
de croire à la lumière.*

Rostand

PRÉSENTATION

Depuis que tu sais la gravité de ton état de santé, ta vie émotionnelle ressemble à des montagnes russes. Quand tes malaises disparaissent, tu ressens une remontée d'espoir de guérir; quand ils refont surface, ton moral s'écroule; tu es assailli par une foule d'émotions comme la colère, la culpabilité, la tristesse, la peine, la déprime, et tout cela entrecoupé de périodes de marchandage. Puis, sans trop savoir pourquoi, tu reviens au déni et tu as l'impression que rien ne s'est passé.

Sache bien que tous ces mouvements de l'âme sont normaux et passagers. Tu peux apprendre à les vivre sans perdre ton équilibre intérieur.

RÉFLEXION

Pour éviter la panique et être capable de maintenir une certaine paix, il est important que tu sois informé de ce qui t'arrive et que tu saches reconnaître ces différentes émotions. C'est pourquoi nous voulons te décrire les signes qui te permettront de repérer, chez toi, les périodes de marchandage et d'états dépressifs.

Le marchandage

À mesure que tu reconnais la possibilité de la fin, tu cherches à retarder le grand passage:

— Tu as tendance à vouloir conclure un marché avec ton Dieu ou ton Absolu: «Si tu retardes l'échéance de ma mort, je te promets d'être meilleur ou de faire telle ou telle chose...»

— Tu te sens un peu comme un enfant qui supplie son parent de lui accorder au moins une partie de sa demande après avoir déjà reçu un «non». Tu te surprends à te dire: «C'est correct de mourir, mais pas maintenant, ni à Noël, ni au jour de l'An, ni au jour de ma fête, etc.»

— Tu demandes de revoir le printemps et l'été une dernière fois.

— Tu veux assister à un événement important de la famille: une naissance, un mariage, une graduation, etc.

— Si Dieu t'accorde un sursis, tu te dis prêt à changer telle ou telle habitude.

— Tu te sens disposé à pardonner à quelqu'un et à te réconcilier, si l'Auteur de la vie te laisse vivre.

Dans le marchandage, on retrouve à la fois des désirs réalisables et des désirs illusoires. Fais confiance à la vie qui t'aidera graduellement à les distinguer les uns des autres.

Rappelle-toi que c'est correct de faire des demandes à Dieu, surtout dans ta situation. Sois certain qu'il t'écoute et qu'il est près de toi. Souviens-toi des paroles de Jésus Christ: «Si donc vous, qui êtes mauvais, savez donner de bonnes choses à vos enfants, combien plus le Père céleste donnera-t-il l'Esprit Saint à ceux qui le demandent.» (Luc 11, 13)

Les états dépressifs

Parfois, la réalité de la mort devient omniprésente et obsédante. Il se peut que tu vives les phénomènes suivants:

— Tu as des insomnies ou tu dors excessivement.

— Tu es incapable de verser une larme ou tu pleures beaucoup.

— Tu perds l'appétit ou tu manges trop.

— Tu n'as le goût de rien. Ce qui t'intéressait déjà devient fade et fastidieux.

— Tu manques de concentration et tu fais des oublis.

— Tu as des périodes d'auto-accusation. Tu te blâmes. Tu te fais des reproches sur ton passé.

— Tu te compares aux autres et tu as honte de te voir malade.

— Tu as envie de démissionner totalement de la vie.

— Tu veux mourir tout de suite...

Nous te le répétons: tu es normal. Toute personne devant une si grande perte de santé et devant la perspective de la mort passe par une période prévisible de «déprime».

PISTE DE CROISSANCE

Tu as déjà accompli un beau travail par la seule acceptation de vivre ces périodes de marchandage et d'états dépressifs. Si tu sens le besoin de parler de tes états d'âme, ne te gêne pas pour t'ouvrir à un accompagnateur, à un professionnel, à un ami, à un prêtre...

Il serait urgent que tu décrives tes malaises à ton équipe médicale, afin qu'elle puisse en identifier la cause. S'il s'agit d'une cause d'ordre physique, elle peut être éliminée.

Rappelle-toi surtout que ces étapes sont temporaires et que, peu à peu, elles feront place à un plus grand bien-être. Tout en acceptant tes malaises, il serait bon que tu apprennes à ne pas t'identifier à eux.

Exercice de désidentification

Le but de l'exercice est de nommer ce qui se passe en toi sans t'identifier à cette réalité ou à cet état.

Installe-toi bien. Prends le temps de t'intérioriser. Prends conscience de ta respiration, de tes inspirations et de tes expirations. Ferme les yeux si tu le désires. Détends doucement les tensions de ton corps. Puis laisse-toi guider par ma voix.

> J'ai un corps mais je ne suis pas mon corps. Mon corps change et vieillit, mais moi je demeure stable.

> J'ai des sensations mais je ne suis pas mes sensations. Les sensations changent constamment, mais moi je demeure.

> J'ai des douleurs mais je ne suis pas mes douleurs. Les douleurs évoluent, mais je suis stable.

> J'ai des émotions, mais je ne suis pas mes émotions. J'ai des frustrations, mais je ne suis pas mes frustrations. J'ai des craintes mais je ne suis pas mes craintes. Mes émotions et mes craintes changent, mais moi je demeure.

Je suis envahi d'imaginations, mais je ne suis pas mes imaginations. Les imaginations viennent et s'en vont, mais je demeure.

J'ai des idées dans la tête, mais je ne suis pas mes idées. Elles se transforment constamment, mais je demeure moi-même.

J'ai des désirs et des espoirs, mais je ne suis ni mes désirs, ni mes espoirs, car ceux-ci évoluent sans cesse; moi suis toujours moi.

J'ai une volonté et une intelligence, mais je ne suis ni ma volonté, ni mon intelligence. Ces facultés changent, mais moi je demeure.

J'ai un cœur et des amours, mais je ne suis ni mon cœur, ni mes amours. Mon cœur et mes amours peuvent changer, mais moi je ne change pas, je suis le même.

Moi, je suis........

C'est la fin de l'exercice. À ton propre rythme, prends le temps de revenir en contact avec le réel extérieur.

PRIÈRE

Dans nos marchandages avec Dieu, il nous arrive souvent de recevoir autre chose que ce que nous demandons. Et le don qui faisait peur est précisément celui qui fait grandir.

> J'ai demandé la force pour atteindre le succès:
> j'ai connu la faiblesse afin de pouvoir apprendre à
> obéir dans l'humilité.

> J'ai demandé la santé pour faire de grandes choses:
> j'ai reçu la maladie et l'infirmité
> pour faire des choses meilleures.

> J'ai demandé la richesse afin d'être heureux:
> j'ai connu la pauvreté, qui m'a rendu sage.

> Je réalise que je n'ai pas reçu beaucoup de choses
> que j'avais demandées ou espérées.

> Un peu malgré moi,
> même mes demandes informulées
> ont été richement comblées.

> Oui, je crois que je suis, entre tous les humains,
> le plus richement comblé.»

(Anonyme,
Texte signé par les malades d'un hôpital
de New York, dans la *Revue Notre-Dame du Cap*)

HUMOUR

Le visiteur demande au gardien du cimetière: «Combien y a-t-il de morts dans le cimetière?» Le gardien: «Mais, monsieur, ils sont tous morts.»

―――――――

Nous travaillons tous contre notre guérison, car la mort guérit toutes les maladies.

(Thomas Browne)

7
Clarifier sa conception de la mort

> *Craindre la mort, messieurs,*
> *c'est se croire informé, alors qu'on ne l'est pas;*
> *car c'est penser connaître quelque chose*
> *que l'on ne connaît pas.*
>
> Socrate

PRÉSENTATION

Tout ce qui vit meurt un jour. Pourtant, très peu de personnes pensent à cette réalité et encore moins s'attardent à y réfléchir. Nous te proposons de prendre le temps de clarifier tes idées sur la mort et de prendre conscience de tes peurs à son propos.

Un tel projet s'oppose à l'attitude générale du déni de la mort dans la société. Même si, depuis une vingtaine d'années, on s'intéresse davantage au mourir, l'éducation au silence autour de la mort demeure très enracinée dans la conscience collective. On ne voit plus les gens mourir à la maison; tout se fait à l'hôpital. On expose de moins en moins les corps; et même, dans certains cas, on omet toute cérémonie funéraire.

Par ailleurs, plus on cherche à fuir la pensée de la mort, plus elle se fait envahissante par des fantasmes et des peurs. Qu'on le veuille ou non, elle fait partie de la vie, de notre vie et même de notre avenir certain. Alors, pourquoi ne pas s'apprivoiser à l'idée de la mort, au point d'en avoir une vision réaliste, et de diminuer ainsi ses peurs? Une fois l'anxiété de la mort reconnue, elle s'en trouve réduite et en partie maîtrisée. Plus on se libère de cette menace, plus on peut jouir de la vie.

RÉFLEXION

Vouloir t'enlever toute peur et toute anxiété de la mort serait utopique, et même malsain. Nous visons ici à te familiariser avec l'idée de ta mort et à nommer tes peurs. Ton anxiété face à ta mort peut devenir un ennemi qui t'empêche de vivre ou un guide précieux pour bien t'orienter à travers la dernière étape de ta vie.

Réduire son anxiété de la mort à des proportions endurables demeure une des grandes tâches de l'adulte au terme de sa vie.

Pour ce faire, plusieurs accompagnateurs suggèrent d'affronter ses peurs de la mort. La tâche consiste à pouvoir intégrer l'idée de la mort dans sa vie, explorer ses peurs, les identifier et les confronter à ses croyances sur l'au-delà.

PISTE DE CROISSANCE

Le travail que nous te proposons peut prendre plusieurs jours et même plusieurs semaines. Aussi est-il important que tu respectes ton rythme personnel pour le terminer sans te bousculer. Même si tu peux accomplir ce travail seul, il est préférable de te faire accompagner par un interlocuteur compréhensif.

Chez les guerriers amérindiens, une vieille pratique voulait que chacun se construise un bouclier dont la fonction était de protéger non seulement contre les armes des adversaires, mais aussi contre les puissances spirituelles. Pour t'aider à atteindre ton objectif, soit celui d'apprivoiser ta mort, nous t'offrons de te construire un bouclier dont le blason représentera tes idées et tes attitudes sur la mort. Ton bouclier sera divisé en quatre parties, comportant les thèmes suivants:

4. Ma nouvelle vision de la mort dans la perspective de la vie Éternelle

3. L'affrontement de mes peurs de la mort

1. Ma vision actuelle de la mort et de ma mort

2. L'exploration de mes peurs de la mort

Première case:
prise de conscience de ta perception actuelle de la mort

Pour bien des gens, la seule pensée de la mort crée un état de panique. Ils se sentent déprimés, impuissants et malheureux. Leur avenir leur apparaît tout sombre et condamné. D'autres voient la mort comme un soulagement ou comme une fatalité naturelle. Certains, enfin, la considèrent comme un accomplissement, un passage à une nouvelle vie. Quelles que soient tes idées et tes attitudes en face de la mort, elles sont le fruit d'un apprentissage souvent très peu conscient: souvenirs, expériences, observations, images de la télévision, lectures, conversations, etc.

Le questionnaire suivant a pour but de clarifier tes perceptions sur la mort:

a) Quels furent tes premiers contacts avec la mort? (mort d'un de tes parents, d'une connaissance, d'un ami, d'un petit animal, etc.)

b) Décris l'expérience de la mort la plus signifiante pour toi.

c) Comment parlait-on de la mort dans ta famille? (Par exemple: on n'en parlait pas — ce qui voulait dire que la mort était une réalité effrayante; on en parlait avec beaucoup de peur; on en parlait avec sérénité.)

d) Quelles impressions de la mort t'a laissées ton éducation religieuse?

e) Quelles réflexions as-tu faites comme adulte?

SYNTHÈSE: Résume ta perception actuelle de la mort par une phrase ou par un symbole que tu mettras dans la première case de ton bouclier à la fin de l'exercice (page 85).

Deuxième case: l'inventaire de tes peurs

Maintenant, nous te demandons de faire l'inventaire de tes peurs. En réussissant à les nommer, tu les auras déjà surmontées partiellement.

a) Peurs à l'endroit de la mort et du mourir

— Peur de la souffrance qui précède la mort.
— Peur d'être abandonné par les personnes que j'aime.
— Peur du malaise perçu chez les autres à cause de mon état (peur réfractée).
— Peur de l'inconnu après la mort.
— Peur d'être incapable de faire ou même de terminer des projets.

b) Peurs de la manière dont je vais mourir

— Peur de mourir seul et isolé.

— Peur de mourir avec l'impression d'embarrasser les autres.
— Peur de mourir confus ou inconscient.
— Peur d'avoir peur.
— Autres peurs...

c) Peur de mourir avant d'avoir atteint ma maturité humaine et spirituelle.

d) Peur de mourir d'une mort subite.

e) Peur de subir un mourir artificiellement prolongé.

Interrogation de tes peurs

Déjà, grâce à l'inventaire de tes peurs, tu as réussi à diminuer ton anxiété. Maintenant, nous te demandons d'aller plus loin. Mets en ordre chacune de tes peurs, en commençant par les moins menaçantes. Après avoir inscrit une peur en tête d'une page blanche de ton journal, pose-toi les questions suivantes:

a) Cette peur est-elle bien fondée dans la réalité ou est-elle une pure création de mon imagination?

b) Quelle sont les probabilités que cette peur se réalise?

c) Avec qui pourrais-je parler de cette peur pour en diminuer l'intensité?

SYNTHÈSE: Résume tes peurs dans une seule phrase ou trouve un symbole, que tu mettras dans la deuxième case de ton bouclier.

Troisième case:
rappel de tes moments d'extase
ou de tes expériences religieuses

Il serait bon de regarder ta mort non pas comme un fait isolé, mais comme faisant partie de l'ensemble de ta vie. Il s'agit ici de voir ta mort à travers tes croyances religieuses et les moments d'extase que tu as vécus ici-bas:

a) Renseigne-toi sur la croyance à la résurrection
(voir chapitre 24).

b) Rappelle-toi des moments d'extase ou d'expériences-sommets qui sont pour toi un avant-goût d'éternité heureuse. Par exemple:

— Un moment d'extase amoureuse

— Une expérience de présence divine

— La vue d'un enfant nouveau-né

— La contemplation d'un paysage d'une grande beauté

— Une période de grande ferveur religieuse

c) Laisse-toi envahir par chacune de ces expériences. Laisse la paix, la sécurité, le calme et la sérénité t'inonder à mesure que tu te les remémores.

SYNTHÈSE: Résume tes réflexions en une seule phrase ou trouve un symbole, que tu mettras dans la troisième case de ton bouclier.

Quatrième case:
confrontation de ta perception de la mort
avec tes grandes expériences spirituelles

Tout en demeurant conscient de ces sentiments qui te transportent dans un univers spirituel, reprends contact avec tes peurs. De la rencontre de tes expériences spirituelles et de tes peurs, laisse émerger un (ou des) sens de la vie et de la mort.

SYNTHÈSE: Résume tes réflexions par une phrase ou un symbole, que tu mettras dans la quatrième case de ton bouclier.

4. Nouvelle vision de ma mort	1. Ma perception actuelle de la mort
3. Rappel de mes moments d'extase ou de mes expériences spirituelles	2. Inventaire de mes peurs

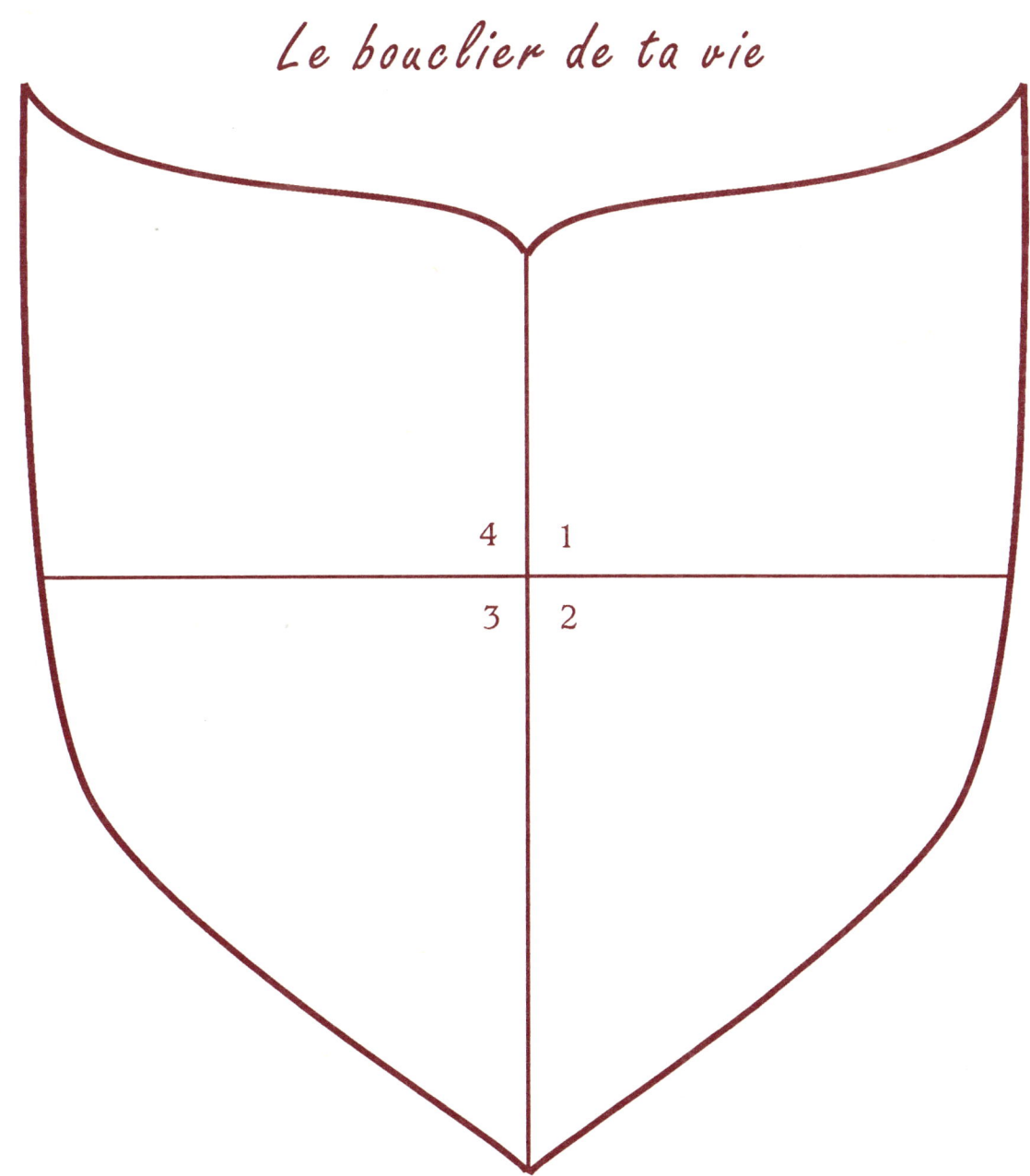

PRIÈRE

Seigneur, reçois toutes mes peurs de vivre
et de mourir!

Transforme-les, par ta présence,
en joie et en espérance de ta Vie éternelle.

Que ta joie m'habite et illumine tous mes jours.

Psaume 23: Le bon pasteur

> Le Seigneur est mon pasteur, je ne manque de rien.
>
> Sur les prés d'herbe fraîche, il me fait reposer.
>
> Vers les eaux du repos, il me mène,
> il y refait mon âme.
>
> Il me guide par le juste chemin
> pour l'amour de son nom.
>
> Passerais-je un ravin de ténèbres,
> je ne crains aucun mal;
> près de moi ton bâton, ta houlette me console.

HUMOUR

Le maître de la maison accepta de donner congé à son serviteur chinois pour lui permettre d'assister aux funérailles d'un de ses amis. Pour se moquer du rituel chinois qui consiste à déposer de la nourriture sur la tombe du mort, il lui demanda de l'avertir quand le mort l'aurait mangé. Son serviteur lui répondit du tac au tac: «Mais oui, monsieur, dès que vos morts respireront le parfum des fleurs que vous déposez sur leur tombe.»

8 Mettre à jour ses relations intimes

*Ces mains, prend-les dans les tiennes
car tes mains peuvent se faire de velours
pour détendre les mains crispées.*
Dufay

PRÉSENTATION

Toute maladie sérieuse affecte en profondeur les relations humaines. À cause de tous les changements occasionnés par ta maladie, tes relations s'en trouvent modifiées. Ton cercle de connaissances a tendance à se rétrécir. Parfois tes relations subissent des changements imprévisibles, voire même déconcertants.

Certaines personnes que tu croyais très proches de toi prennent leurs distances, alors que d'autres que tu connaissais moins se rapprochent de toi, au point de devenir des amis intimes. C'est un temps propice pour aimer et te laisser aimer.

Pour maintenir un équilibre au milieu de tous ces changements, tu as besoin de repenser ta vie sociale, de nourrir les liens les plus vivifiants et de te protéger des relations nuisibles.

RÉFLEXION

Prenons le temps de regarder les diverses situations sociales auxquelles tu es confronté. Nous les avons divisées en catégories pour t'aider à bien te situer devant chacune d'elles et à jouir ainsi d'une vie sociale épanouissante.

Tes proches s'intéressent à toi, parlent de toi, se soucient de toi et suivent l'évolution de ton état de santé. Tu te rends compte de leur attachement, de leurs questionnements, de leur appréhension et, parfois, de leur embarras. Ils ne sont pas sans faire un retour sur eux-mêmes. Ils se disent: «Pourquoi lui? Que puis-je lui dire? Que puis-je faire pour lui?» Ils se sentent souvent impuissants et se demandent comment réagir devant toi.

1. Choisir les proches avec qui tu veux bien t'ouvrir

Toute cette nouvelle attention peut te faire chaud au cœur ou te gêner. Tu te sens ni plus ni moins obligé d'inventer de nouvelles façons d'entrer en relation. C'est alors que tu dois te respecter dans tes besoins et tes goûts. Avec certains, tu peux vouloir partager davantage; avec d'autres, tu préfères vivre un recul temporaire fait de conversations superficielles et impersonnelles; dans d'autres cas, tu peux même te sentir ambivalent entre l'ouverture et le retrait poli. L'important, c'est que toi et tes proches, vous vous donniez *le temps* d'apprivoiser la nouvelle réalité.

Choisis avec qui tu partageras les symptômes de ta maladie, tes états intérieurs et tes découvertes. Assure-toi également que ta maladie et ta mort ne soient pas le seul sujet de conversation: continue à t'intéresser à la vie autour de toi.

Si ton état physique ne te permet pas d'entretenir tous les contacts importants pour toi, tu peux t'adjoindre quelqu'un qui te servira d'intermédiaire entre toi et eux.

L'essentiel, pour toi, c'est de garder le contact avec ton milieu naturel pour éviter l'isolement social.

2. Développer une plus grande intimité

Tu ressens sans doute plus d'affinité avec certaines personnes. À cause de la confiance qui se développe entre vous, tu te sens revivre. Une compréhension naturelle faite de peu de mots s'installe. Encourage ces relations d'intimité par une plus grande ouverture de ta part. Ne crains pas de manifester tes sentiments par des phrases comme celles-ci: «Je suis content de te voir. J'aime beaucoup partager avec toi. Je te remercie de ta visite, je me sens bien avec toi.» Avec ces personnes, tu pourrais établir «un pacte de franchise»: tu t'engages à leur dire tes besoins et tes sentiments, et elles promettent d'être honnêtes sur leur disponibilité tant physique que psychologique.

À mesure que vos peurs et vos masques tombent, tu seras surpris de découvrir une qualité de transparence et de tendresse. Ces moments d'intimité et d'authenticité deviendront pour toi et pour les autres la plus grande richesse de la vie. Garde la porte ouverte pour ceux et celles que tu aimes.

Mentionnons qu'il est important pour les conjoints de maintenir leur intimité sexuelle; pour cela, il leur revient de découvrir des moyens adaptés à leur situation. Même dans une institution, on peut trouver des lieux et des moments d'intimité.

3. Faciliter les réconciliations

Des proches qui se sont éloignés de toi pour diverses raisons peuvent désirer se rapprocher dans le but d'une réconciliation. Parfois ils viennent te visiter de façon maladroite, car ils se sentent gênés et coupables. Ton accueil peut alors les rassurer. Si tu prends l'initiative de t'ouvrir sur ce que tu vis et ressens, tu leur faciliteras la tâche de dire ce qu'ils éprouvent. Laisse ton cœur te guider dans l'espérance de guérir la relation par un pardon qui, souvent, n'a même pas besoin d'être dit.

4. Rejoindre les personnes aimées qui ont pris leurs distances

Des personnes chères peuvent avoir pris des distances au moment même où tu éprouves le besoin de leur présence. Sont-elles menacées par ta maladie? Vivent-elles la peur ou même un sentiment d'être abandonnées? Sont-elles mal à l'aise devant l'appareil médical? Se souviennent-elles d'expériences pénibles? Quelles que soient les raisons de leur éloignement, tu en souffres beaucoup. Malgré ta peine et, peut-être, ton envie de t'éloigner toi aussi, tu peux signaler ton désir de les voir par un coup de téléphone, par l'envoi d'un mot, par un message transmis par une personne interposée, etc. Tends-leur la main: c'est important.

5. Réagir aux personnes étouffantes et contrôlantes

Il se peut que des proches ou des soignants t'envahissent. Ils veulent te contrôler et ne te laissent pas d'initiative. Ils t'inondent de recommandations: «Ne mange pas ça; fais cela; tu devrais…; tu aurais dû…» Ils s'imposent à un point tel que tu te sens étouffé. Certains profitent même de ton immobilité pour déverser sur toi leur kyrielle de malheurs personnels. Il arrive aussi qu'un ou l'autre, profitant de ton état de faiblesse, cherche à te soutirer des privilèges ou des biens.

À l'égard de ces personnes, rappelle-toi que tu demeures maître de la situation et que leurs visites ne t'engagent en rien. Plus encore, tu es libre de les accepter ou non près de toi, de leur demander d'écourter leur visite ou même de les distancer. Libre encore à toi de confier cette tâche à quelqu'un d'autre. Dans ces moments-là, être ferme, c'est signe d'un amour fort.

C'est ton droit de ne pas te laisser envahir et de vivre libre de toutes contraintes.

6. Dire adieu à certaines relations

Plusieurs personnes ne font plus partie de ton milieu social immédiat; tels que des voisins ou des collègues de travail. As-tu envie de leur dire adieu? Si oui, comment? Tu peux le faire de vive voix, ou par lettre ou même en pensée. Il suffit de te souvenir d'eux, de leurs qualités et des bons moments que vous avez passés ensemble, de leur pardonner leurs défauts et de les laisser partir.

Témoignage d'une expérience d'intimité

Maints témoins qui ont assisté des personnes en fin de vie appellent l'intimité vécue aux moments des grandes souffrances «l'ineffable et mystérieuse présence de Dieu». Te sens-tu en mesure de reconnaître cette Présence? Pour t'aider, voici un témoignage:

André et Diane sont deux amis de longue date. Au début de la grave maladie d'André, ils établissent un pacte de franchise très simple: Diane s'engage à rendre visite à André, en précisant clairement quand elle peut le faire. En temps de crise, elle permet à André de la rejoindre. Celui-ci, de son côté, s'engage à téléphoner à Diane toutes les fois qu'il aura un grand besoin de parler et à lui dire ce qui l'aide ou ce qui lui nuit. Lors d'une visite de Diane, André se sent épuisé et a sommeil; en même temps, il a besoin de la présence de son amie. «Je désire que tu restes, dit-il, même si je n'ai pas l'énergie de jaser.» Recueillie en silence, Diane regarde son ami dormir. André se réveille

> quelquefois: ils se sourient, se sentant unis dans un mouvement de communion et conscients du mystère de la présence de Dieu. Pour Diane, ce moment de communion dans le silence demeure un souvenir inoubliable qui vient la consoler depuis la mort d'André.

PISTE DE CROISSANCE

Tes droits humains dans les relations

— Tu as le droit de recevoir de l'information précise et régulière sur ton état de santé.

— Tu as le droit d'être accompagné par ceux et celles que tu préfères.

— Tu as le droit de recevoir tes visiteurs dans une intimité réelle.

— Tu as le droit de demander un local privé à cet effet.

— Tu as le droit de rendre visite à d'autres malades à ta volonté.

— Tu as le droit de refuser des visiteurs quand tu désires être seul.

— Tu as le droit de demander toute l'aide dont tu as besoin.

— Tu as le droit de retourner à la maison pour faire tes adieux.

Planifier ta vie sociale

Nous te proposons de faire l'exercice suivant:

1. Prends le temps d'identifier les personnes avec qui tu veux approfondir tes liens avant de mourir.

    a) _____

    ....
    ....
    ....

    b) _____

    ....
    ....
    ....

    c) _____

    ....
    ....
    ....

2. À côté de chaque nom, identifie deux qualités de la personne que tu apprécies ou un secret que tu désires partager.

3. Lorsque ces personnes te rendront visite, dis-leur ce que tu aimes en elles.

Un livre pour les visiteurs

Garde un livre à ton chevet: tes visiteurs pourront t'écrire un message que tu reliras et savoureras aussi souvent que cela te plaira.

PRIÈRE

Prière pour renouveller tes relations

>Père,
>que notre amour soit sans hypocrisie.
>Garde-nous unis dans l'affection fraternelle,
>rivalisant de respect l'un pour l'autre.
>
>Permets que nous ne brisions pas l'élan de générosité,
>afin de laisser jaillir entre nous ton Esprit,
>comme des serviteurs du Seigneur.
>
>Enseigne-nous l'amour parfait
>qui chasse toute crainte,
>et fais descendre sur nous ta paix.
>Nous te le demandons par Jésus, ton Fils,
>dans l'unité du Saint-Esprit, Dieu à jamais.

Prière du corps

Fais silence et place-toi en présence de Dieu. Imagine-toi en train de tendre les mains aux personnes que tu aimes. Imagine-les tendre les mains aux personnes qu'elles aiment. Des mains à tendre, des mains à prendre. Imagine que toutes ces mains forment une chaîne qui s'ouvre sur l'Amour infini. Cet Amour se transmet par toutes ces mains tendues. Demeure en contact avec cet Amour aussi longtemps que tu le désires.

HUMOUR

Le directeur de la prison au condamné à mort: «Avez-vous un dernier souhait, que nous nous efforcerons de réaliser?» «Oui, dit le condamné, je voudrais que, lorsque je serai sur la chaise électrique, vous m'aidiez en me tenant la main.»

9
Contrôler la douleur

*L'homme ne connaît sa force
que lorsqu'il se mesure à l'obstacle.*

Anonyme

PRÉSENTATION

À la pensée de la maladie et de la mort, la peur qui préoccupe le plus les gens, c'est celle de la douleur. Non sans raison, car notre impuissance collective devant le mourir nous a longtemps empêchés de développer des stratégies efficaces de contrôle de la douleur. Heureusement, les vingt dernières années ont vu la médecine réussir à mieux comprendre et contrôler la douleur. Le célèbre docteur canadien, Balfour Mount, affirmait, lors d'une conférence, que le contrôle de la douleur est la plus grande découverte médicale de notre siècle. C'est même devenu l'objectif médical principal quand la guérison s'avère impossible.

Nous voulons te donner des connaissances qui visent à te rassurer et à t'inciter à chercher, avec ton équipe médicale, des solutions adéquates contre la douleur.

RÉFLEXION

Qu'est-ce que la douleur?

La douleur est une réalité complexe qui se vit à la fois dans ton corps et dans ton esprit. Elle est sensation de ton corps et une expérience subjective, les deux s'influençant mutuellement. Tu es donc seul à vraiment connaître ta douleur et à savoir comment tu la vis. Personne ne peut te dire: «ce n'est pas si pire que ça», et personne ne peut deviner comment elle est pour toi. De plus, chaque être humain a son propre seuil de tolérance au-delà duquel toute douleur mineure devient majeure.

Incidence de la douleur

En fait, les experts affirment que le processus de mourir n'est pas nécessairement douloureux. On estime que 60 % des cancéreux n'ont que des douleurs mineures. Pour les autres personnes atteintes de cancer, si la douleur ne peut être enrayée, on peut toujours la diminuer.

Effets de la douleur chronique

La douleur est essentielle à la survie de l'organisme. Dans la vie courante, la douleur est un signal d'alarme utile qui nous incite à nous protéger et à nous soigner. Mais lorsque la douleur devient chronique (constante et persistante), elle se fait angoissante et destructrice. Elle nous épuise, perturbe notre sommeil, anéantit notre plaisir de vivre. Elle nous rend crispés, impatients, désagréables et même colériques. Elle nous isole et nous paralyse. Elle ne sert plus la vie.

Soulager la douleur, c'est rendre la journée plus vivante

La médecine moderne a développé récemment une nouvelle compréhension de la douleur et de fins outils pour la soulager. Le contrôle de la douleur, comme celui des autres effets de la maladie, est devenu une priorité médicale pour permettre au malade de vivre une vie plus paisible et pleine quand la guérison s'avère impossible.

Un seul critère: toi-même

Tu es la seule personne à pouvoir juger de l'intensité de ta douleur. Cependant, tu auras besoin d'aide pour la vaincre. Tu ne peux surtout pas t'attendre à ce que l'équipe soignante devine ton mal: tu as donc tout un travail d'observation et de communication à faire.

Ton but premier est de contrôler la douleur; ton second, de la prévenir. Insiste auprès de ton équipe médicale pour qu'elle cherche avec toi le moyen susceptible d'améliorer ton bien-être. En cas d'échec, n'hésite pas à demander une consultation avec un expert, car c'est ta qualité de vie qui est en jeu.

Certaines personnes refuseront les soulagements d'usage, car elles croient que le fait d'endurer leur douleur constitue un acte de foi et d'union avec le Christ. Elles suivent l'exemple de grands saints. D'autres veulent se montrer stoïques devant la douleur. Pour juger du bien-fondé de ces façons de vivre la douleur, nous te suggérons un critère très simple. Demande-toi: «Est-ce que cette façon de vivre la douleur me rend plus aimable et plus tolérant envers les miens et plus patient envers mon équipe soignante?» Si ta réponse est négative, c'est que ta manière de vivre la souffrance ne sert ni ta qualité de vie, ni ta vie spirituelle.

Pour soulager la douleur

Quand c'est possible, la source de la douleur doit être enrayée. Dans la majorité des cas, c'est impossible; on a alors recours à des analgésiques, c'est-à-dire des médicaments qui diminuent l'acuité de la douleur en atténuant la perception qu'en a le cerveau.

Parmi les nombreux analgésiques, nous choisissons de te décrire l'utilisation de la morphine, parce qu'elle est le prototype des analgésiques puissants et qu'elle est mal connue en général.

On la préfère aux autres analgésiques pour bien des raisons: elle est pratique à administrer et a peu d'effets secondaires; bien administrée, elle n'engendre ni la confusion, ni les dépressions respiratoires, ni les hallucinations. Elle a un caractère naturel, car le cerveau produit lui-même des substances analogues à la morphine, c'est-à-dire les endorphines, qui bloquent les récepteurs de la perception douloureuse. Lorsque les douleurs sont prolongées, la production d'endorphines s'épuise: la morphine vient alors remplacer la morphine naturelle déficiente. Ceci explique pourquoi le recours à la morphine ne crée pas de véritables problèmes d'accoutumance ni de dépendance psychologique.

La peur actuelle suscitée par la morphine provient, semble-t-il, du fait que, dans le passé, on commençait à donner la morphine tellement tard dans le mourir que cela coïncidait avec l'état de moribond. Parce que la mort suivait peu après, on concluait que la morphine, comme une «caresse d'adieu», provoquait la mort. Aussi est-il important de t'assurer auprès de ton équipe médicale de l'utilisation optimale de la morphine, selon tes besoins au cours de ta maladie.

Les émotions et la douleur étant perçues par les mêmes centres nerveux du cerveau, tout ce que tu fais pour la prise en charge de ta vie, comme l'expression de tes émotions et la découverte d'un sens, participera au contrôle de ta douleur.

Il te revient à toi, et à ton équipe médicale, de découvrir le dosage optimal des analgésiques pour toi. Ce dosage équivaut à celui qui te permet d'être alerte d'esprit et sans douleur. Il est aussi important que tu discutes de tes autres symptômes, tels que la nausée, la constipation, les faiblesses, afin de trouver des moyens de les prévenir et de les atténuer.

PISTE DE CROISSANCE

Techniques pour diminuer la douleur

Les cliniques de douleur ont mis au point plusieurs techniques pour t'aider à assumer une partie du contrôle. Si tu as déjà découvert tes propres moyens, n'hésite pas à t'en servir; ils sont faits «sur mesure» pour toi.

Nous te présentons ici quelques exemples de moyens simples à expérimenter. Ces techniques, dites naturelles, s'avèrent très efficaces pour augmenter l'effet des endorphines (morphine naturelle) lors de douleurs légères et modérées; lors de douleurs intenses, elles ne remplacent pas les médicaments.

1. Respiration dans la douleur

Exercice simplifié pour les moments de peu de concentration

INTÉRIORISATION

Installe-toi bien. Regarde les formes et les couleurs autour de toi. Puis, si ça peut t'aider, ferme les yeux. Écoute les bruits. Prends conscience des points de contact de ton corps avec la chaise ou le lit. Fais silence autour de toi et en toi. Prends conscience de tes inspirations et de tes expirations, sans les changer. Détends doucement les tensions de ton corps et entre de plus en plus profondément dans ton monde intérieur.

EXERCICE

Concentre-toi sur l'endroit qui te fait mal.

Respire tout doucement.

Guide, par imagination, ta respiration aux endroits douloureux.

Continue de respirer ainsi, jusqu'à ce que tu sentes une détente se produire.

RETOUR

Prends le temps de revenir à l'extérieur, à ton propre rythme. Prends conscience des points de contact de ton corps sur la chaise ou le lit. Écoute les bruits. Regarde à l'extérieur. Et frappe dans tes mains.

 *Exercice complet pour les moments de plus grande concentration*

INTÉRIORISATION

Prends le temps de te placer en état de détente, d'entrer à l'intérieur de toi. (voir exercice a) ci-dessus)

EXERCICE

Imagine que tu prends une inspiration par la plante de tes pieds.

Imagine que l'air transite dans tes jambes et se dirige vers une partie douloureuse.

Retiens ta respiration aussi longtemps que tu le peux.

Vois l'air circuler librement dans la zone douloureuse: l'air fait le tour de cette zone à partir de la périphérie puis s'étend lentement vers les parties les plus profondes.

Vois l'inflammation diminuer.

Vois la région devenir moins rouge.

Imagine que l'air que tu expires expulse les tensions.

Laisse chaque inspiration apporter de l'oxygène frais à la région douloureuse.

Laisse chaque expiration évacuer progressivement la douleur.

Donne une couleur à cet air.

Laisse-toi envahir par ce flot de couleur.

Imagine tout ton corps envahi par cette couleur.

Change cette couleur.

Expire lentement cette couleur.

Reprends une inspiration par la plante de tes pieds.

Apporte cet air frais dans ta douleur.

Fais circuler l'air dans toute la partie douloureuse.

Expire cet air lentement.

Continue jusqu'à ce que tu te sentes très détendu à l'endroit choisi.

RETOUR

Reviens lentement à une respiration normale. Prends le temps de revenir lentement, à ton propre rythme.

2. Transformation visuelle de la douleur

La douleur suggère souvent des images à la personne qui l'endure. Se concentrer sur ces images devient un moyen efficace de soulagement et de détente chez bien des gens. Tu peux tirer profit de cette imagerie naturelle: nous te suggérons ici quelques imageries que tu peux expérimenter.

Transformation visuelle simple

Imagine, par exemple, que la partie douloureuse se transforme en un bloc de glace, un faisceau de lumière, du sable fin qui s'écoule lentement...

Transformation visuelle détaillée

Imagine que toutes les parties douloureuses sont suspendues en dehors de ton corps.

Laisse-les s'imprégner d'une couleur que tu aimes.

Concentre-toi sur cette image.

Recouvre-la d'une autre couleur.

Concentre-toi sur cette image.

Change la couleur.

Concentre-toi sur cette image.

Change la couleur.

Concentre-toi sur cette image.

Enchaîne ainsi aussi longtemps que tu le désires.

Replace tes parties transformées dans ton corps.

Reviens graduellement, en respectant ton propre rythme.

Imagerie personnelle

Imagine une scène que tu as beaucoup aimée. Revoie-la dans tous les détails, avec les odeurs, les couleurs, la température, les formes, etc.

Place-toi dans cette scène.
Revis-la avec toutes les émotions que tu avais vécues la première fois. Respire lentement.
Reste dans cette scène aussi longtemps que tu le désires.
Reviens lentement.

PRIÈRE

Que mon appel parvienne jusqu'à toi, Seigneur,
fais-moi sentir ta présence.
Reste avec moi, mon Dieu,
car il se fait tard.
Reste avec moi,
quand tout s'efface.
Reste avec moi,
car dure est ma souffrance.
Reste avec moi,
rends-moi fort pour le combat.
Tu es mon rocher,
mon abri,
ma consolation;
place-moi à l'ombre de tes ailes,
cache-moi sous ton manteau de lumière.

HUMOUR

«Je meurs avec l'aide de beaucoup trop de médecins!»
(Alexandre le Grand)

«Les docteurs auront à répondre de plus de vies dans l'autre monde que même nous, les généraux.»   (Napoléon Bonaparte)

10
Mettre de l'ordre dans ses affaires

> *Mets ta confiance en Dieu,*
> *mais attache ton chameau.*
>
> Proverbe arabe

PRÉSENTATION

Les affaires matérielles

Nous supposons que tu veux disposer de tes biens selon les valeurs importantes dans ta vie. Tu peux réaliser cet idéal en organisant tes affaires dès maintenant, alors que tu es encore en mesure de le faire. Même si tu as l'espoir de guérir, cette préparation faite «au cas où» t'apportera une grande détente et sera une source de sécurité pour tes proches. Ceux-ci ont besoin d'être au courant de tes décisions et d'être consultés en ce qui les regarde.

Certes, te pencher actuellement sur tes affaires exige du courage, car tu as peu d'énergie et, de plus, ce geste te force à te détacher. Cependant, cela en vaut le coup, puisque tu obtiendras ainsi la liberté nécessaire pour vivre ta réalité psychologique et spirituelle.

PISTE DE CROISSANCE

Pour te guider dans cette tâche, nous te présentons, en annexe 3 (page 271), un *Registre d'information et de planification,* qui traite des points suivants:

1. Documents importants
2. Dossiers financiers
3. Planification du testament
4. Planification des funérailles
5. Soins du corps

HUMOUR

«Hélas! Je meurs au-delà de mes moyens!» (Oscar Wilde)
«Il en coûte très cher de mourir confortable.» (Samuel Butler)

11
Le sacrement des malades

*Même si l'homme extérieur va vers sa ruine,
l'homme intérieur se renouvelle de jour en jour.*

Saint Paul

PRÉSENTATION

On a récemment transformé la liturgie des malades afin d'en faire ressortir toute la valeur. On ne parle plus de «l'extrême onction» ni «des derniers sacrements», qui faisaient tellement peur, mais des «sacrements des malades».

En effet, l'Église offre plusieurs marques de l'amour et de la compassion du Christ à l'égard des malades. En premier lieu, il y a la visite et la communion des malades, amour de Jésus présent dans et par la communauté. Puis vient le sacrement de réconciliation, pardon et accueil inconditionnel de Jésus. Ensuite, c'est l'onction des malades, présence de Jésus comme force dans l'épreuve et soutien dans la maladie. Les deux derniers «sacrements des malades» sont le *viaticum*, qui est la dernière communion donnant la force de vie du Christ ressuscité pour faire le passage, et la prière de recommandation des mourants au moment même de la mort.

RÉFLEXION

L'onction des malades, geste de Jésus pour la guérison

Par l'onction des malades, le ministre rend présent le Christ ressuscité qui guérit les maux physiques, mentaux et spirituels. Jésus, au cours de sa vie, s'est montré compatissant et l'ennemi de toute souffrance humaine. Il a guéri les gens sur son passage, non pas pour démontrer son pouvoir, mais pour signifier que le Royaume de Dieu est arrivé et que, plus tard, toute souffrance sera abolie. Il s'est fait le «grand adversaire et le vainqueur de la maladie dans un monde qui était porté à voir en elle un châtiment de Dieu» (Provencher 1990: 37). Jésus révèle au malade que, contrairement à ce qu'il aurait tendance à croire, Dieu ne le punit pas: il veut le libérer de toutes les formes de mort afin que s'épanouisse la vie en lui.

Par la demande de l'onction des malades, tu te situes dans la longue tradition de ceux et celles qui ont foi dans les «actions du Christ ressuscité» pouvant t'atteindre aujourd'hui et améliorer ta qualité de vie. Le ministre du sacrement veut refaire sur toi les gestes que Jésus a enseignés à ses disciples pour enrayer ou diminuer le mal physique. C'est pourquoi il t'imposera les mains en signe de protection, de consolation et d'encouragement. Puis, il fera sur toi l'onction de l'huile en signe de croix pour signifier à la fois la consécration, le soulagement, la guérison physique, psychologique, sociale et spirituelle.

L'onction des malades, un geste de salut

Dans les récits évangéliques, Jésus n'a jamais considéré le malade comme un être puni à cause d'une faute ou d'un péché. Par ailleurs, il montre que la guérison, même physique, ne saurait être complète sans la guérison aussi des esprits qui souffrent de déviations émotionnelles et d'aveuglement spirituel. C'est pourquoi Jésus demande la guérison au nom de la foi en la bonté et en la puissance de Dieu. Sa guérison est la guérison totale de l'humain, qu'on appelle «le salut».

En recevant l'onction des malades, tu seras touché dans tout ton être, corps et âme. En plus de l'amélioration de ta condition physique, le sacrement peut t'apporter des guérisons psychologiques et morales, comme les réconciliations, l'harmonie intérieure et l'acceptation de la mort.

Jésus te parlera, comme il l'a fait au paralysé qu'il venait de guérir: «Tes péchés te sont pardonnés.» (Marc 2, 11) Saint Jacques, dans son épître, se fait l'écho de Jésus quand il demande aux Anciens de prier et de faire l'onction de l'huile sur celui qui est malade: «La prière de la foi sauvera le patient, le relèvera et, s'il a des péchés sur la conscience, il lui sera pardonné.» (Jacques 5, 14-15)

Témoignages

Le but de l'onction des malades est d'apporter le courage de vivre l'épreuve et, si possible, la guérison ou l'amélioration physique. L'onction des malades, c'est la présence de Jésus à ton chevet: il te touche, il t'accompagne, il t'encourage et te console dans l'épreuve.

Voici le témoignage de personnes qui, à la suite de la réception du sacrement des malades, se sont senties «relevées»:

— J'ai connu un bien-être physique.
— J'ai cessé de me replier sur moi-même.
— Une grande paix m'a envahi et a continué à grandir par la suite.
— On dirait que je suis devenu plus capable d'aimer.
— J'ai saisi que Dieu m'aimait pour de vrai.
— Je suis devenu plus patient avec moi-même.
— J'ai compris que je suis témoin de l'Évangile dans ma souffrance.

Tous ne reçoivent pas la guérison physique à la suite du sacrement. Pourquoi cela? C'est une question à laquelle nous ne pouvons répondre. Chaque destinée humaine est un mystère. La foi nous affirme que, malgré les apparences, Dieu aime chacun et chacune d'entre nous et nous réserve son salut. La souffrance des humains pose une énigme à toutes les civilisations, depuis le début des temps. La seule réponse valable est que, par sa passion, le Christ a transformé la souffrance en acte d'amour. Sa passion continue en chacun de nous, chrétiens, qui avons reçu de lui le pouvoir de transformer notre souffrance en geste d'amour.

PISTE DE CROISSANCE

Il est important que tu demandes l'onction des malades au début de ta maladie, au moment où tu te sens assez bien pour en profiter.

Informe l'agent de pastorale de ton désir de participer à la préparation de la cérémonie: tu pourras demander un décor spécial, choisir les textes des lectures, préparer les prières universelles, trouver les lecteurs, etc.

Tu peux décider de recevoir l'onction des malades seul, ou tu peux en faire un geste communautaire en demandant la participation de tes proches, de tes amis et du personnel soignant. Prends bien le temps de choisir les personnes avec qui tu veux vivre cette expérience intime.

Après la cérémonie, tu peux même choisir de faire une fête pour te célébrer et célébrer ces grands moments de ta vie.

PRIÈRE

Prière du rituel de l'onction:

>«.............(Ton nom), par cette onction sainte,
>que le Seigneur, en sa grande bonté,
>te réconforte par la grâce de l'Esprit Saint.
>**Amen.**
>Ainsi, t'ayant libéré de tous tes péchés,
>qu'il te sauve et te relève.»
>**Amen.**

HUMOUR

Au cours de l'ancienne cérémonie des malades, appelée alors «l'extrême onction», le ministre faisait des onctions sur différentes partie du corps en disant à chaque fois: «Par cette sainte onction, que le Seigneur vous pardonne toutes les offenses commises par la vue (ou la bouche, ou les narines, selon la partie du corps onctuée).» Or voici qu'une épouse, qui avait assisté à «l'extrême onction» de son mari, s'en montra assez insatisfaite. Avant le départ du prêtre, elle lui emprunta sa bouteille d'eau bénite, souleva la couverture du lit et aspergea le bas du ventre de son mari en prononçant les paroles suivantes: «Au cas où tu aurais péché par là.»

12
S'apprivoiser à sa mort

> *Jadis on savait*
> *que l'on contenait sa mort*
> *comme un fruit, son noyau.*
> Rainer Maria Rilke

PRÉSENTATION

Tous les jours, nous nous retrouvons en équilibre entre des mouvements de mort et de renouvellement de la vie. Des millions de cellules de notre corps se désagrègent et meurent, alors que d'autres naissent. Chaque expiration nous rappelle le mouvement de détachement, tandis que chaque inspiration nous appelle à vivre. Si notre corps dépérit par le vieillissement, chez plusieurs d'entre nous nos facultés spirituelles s'affinent et s'harmonisent. Il semble donc exister un rythme de mort et de vie, où chaque mort suscite une vie nouvelle.

RÉFLEXION

Dans ce chapitre, nous te proposons de prendre conscience de tes mourirs quotidiens pour te préparer à ton grand mourir. Non pas que tu doives mourir immédiatement ou démissionner de la vie: tu le sauras bien quand ton temps sera venu. Au contraire, nous désirons que tu prennes conscience du mouvement de mort continuelle en toi pour te permettre de revivre à d'autres niveaux.

Nous espérons pouvoir t'aider à rejeter les fausses idées sur les agonies pénibles et les fins de vie effrayantes; notre expérience nous a enseigné que le psychisme et le corps humain savent mourir dans la paix et la quiétude, une fois réalisés les détachements psychologiques et spirituels.

PISTE DE CROISSANCE

Nous te présentons trois imageries qui ont aidé plusieurs personnes à apprivoiser leur mort. Les deux premières sont tirées de phénomènes de «passages naturels»: de la rivière à l'océan et de la décomposition à la renaissance. La dernière imagerie a été élaborée à partir de l'expérience du dernier souffle et de la sortie de son corps à la rencontre du Christ cosmique.

 **Première imagerie: de la rivière à l'océan**

INTÉRIORISATION

Installe-toi bien. Regarde les formes et les couleurs autour de toi. Puis, si cela peut aider, ferme les yeux. Écoute les bruits. Prends conscience des points de contact de ton corps sur la chaise ou le lit. Fais silence autour de toi et en toi. Prends conscience de tes inspirations et de tes expirations, sans modifier ta respiration. Ferme les yeux. Détends doucement les tensions de ton corps et entre de plus en plus profondément dans ton monde intérieur.

IMAGERIE

Imagine que tu te retrouves près d'une rivière et que, peu à peu, tu entres dans l'eau. Tu peux porter un gilet de sécurité, si tu le désires.

À mesure que tu sens la pression de l'eau sur toi, tu deviens de plus en plus calme, de plus en plus détendu.

Tu ressens un grand plaisir à te laisser porter par l'eau et même à te laisser porter par le courant.

Tu regardes les berges et tu t'aperçois que tu revois des scènes de ton enfance... (pause) des scènes de ton adolescence... (pause) et enfin des scènes de ta vie adulte... (pause)

Tu continues à te laisser porter par l'eau et tu sens que le courant devient de plus en plus rapide.

Après un moment d'hésitation, tu acceptes de te laisser porter par lui vers des horizons de moins en moins connus de toi.

Tu sens aussi que ton corps se fait de plus en plus léger; tu t'aperçois soudain qu'il se dissout dans l'eau. Après un moment d'émotivité devant l'inconnu, tu acceptes de laisser partir ton corps. Tu deviens de plus en plus un avec la rivière. Ta conscience s'élargit et prend de plus en plus d'espace.

Voici que la rivière atteint un fleuve et se joint à lui. L'espace s'élargit encore plus. Les berges s'éloignent et deviennent de plus en plus floues.

Tu ne sens maintenant plus les limites de ton corps. Tu vis dans un espace immense. Tu ne fais qu'un avec les eaux du fleuve...

Tu te sens attiré par une force incontrôlable. Tu fais confiance à cette force et tu acceptes de te laisser porter.

Le fleuve s'élargit de plus en plus. Tu vis un autre moment de grande émotion devant l'immensité de l'espace. Tu comprends que le fleuve devient océan.

Malgré ce changement, tu te sens sûr de toi, car la force qui t'attire au large est une force d'amour. Tout en expérimentant la grandeur de l'océan, tu sais qu'au centre de l'immensité, un cœur d'amour bat pour toi et continue de t'attirer.

RETOUR

Peu à peu, tu laisses les molécules de ton corps se réunir. Ton corps reprend sa forme. Tu habites à nouveau ton corps.

À ton propre rythme, prends le temps de revenir à l'extérieur de toi. Prends conscience des points de contact de ton corps sur la chaise ou le lit. Entends les bruits qui t'entourent. Regarde à l'extérieur. Frappe dans tes mains.

Deuxième imagerie: de la décomposition à la renaissance

INTÉRIORISATION

Refais ton intériorisation comme à la première imagerie.

IMAGERIE

Tu te promènes dans le sentier d'une forêt ou à la campagne. Tu regardes les couleurs des fleurs, les plantes, les arbres, les rochers, etc. L'air frais caresse ta peau. Tu respires les odeurs et les parfums de la nature.

Au milieu de toute cette vie, tu te sens quelque peu transporté. Et alors que tu sens la vie des plantes et des animaux autour de toi, tu prends soudainement conscience des êtres vivants qui meurent. Cette mort et cette renaissance autour de toi te surprennent...

Comme tu sens ton corps de plus en plus pesant, fatigué et peut-être même exténué, tu te couches sur le sol moelleux. Tu te laisses bercer par la nature environnante. Tu t'abandonnes à elle. Plus de lutte contre la gravité, plus d'efforts musculaires, plus d'efforts de volonté. À ce moment présent, tu vis l'expérience du laisser-aller.

Tu réalises que ton corps commence à se fondre dans le décor, cellule par cellule, molécule par molécule, atome par atome. Au début de ce changement, tu ressens une émotion vive; cependant, tu n'éprouves aucune douleur et, à ta grande surprise, tu vis une nouvelle paix intérieure.

Certains des atomes de ton corps s'envolent avec le vent, d'autres se combinent avec des atomes libres dans la nature, d'autres enfin se perdent dans les rayons du soleil. Tu continues d'accepter de laisser partir ton corps matériel. Tu prends conscience de l'énergie autour de toi: elle prend de plus en plus une forme lumineuse. C'est ton corps énergétique. Tu deviens toute paix et toute joie.

Tu ne sens plus tes membres, ni ton ventre, ni ta poitrine. Tu demeures conscient seulement de ton cœur et ton cerveau.

Tu n'as même plus besoin de respirer: tu es respiré. Tu te retrouves dans un nouvel espace et dans une nouvelle lumière.

Et, parmi toutes ces transformations, tu entends une douce voix murmurer ton nom. Tu reconnais cette voix. Tu es rassuré, car tu sais que la rencontre avec Celui en qui tu crois est proche...

RETOUR

Reprends possession de ton corps. Donne-lui le temps de se recomposer. Recommence à l'habiter dans toutes ses parties...

Troisième imagerie: rencontre avec le Christ cosmique

INTÉRIORISATION

Avant de commencer l'exercice, mets-toi en présence de Dieu et demande-lui de te guider, tout au cours de la méditation, vers sa Lumière et son Espace: au moment de te détacher de ton corps, tu auras ainsi confiance d'être dirigé vers la Source de Vie.

Pour cette méditation, nous te recommandons d'être accompagné d'une personne, du moins la première fois. Il est bien important de respirer normalement tout au long de l'exercice: c'est la tâche de ton accompagnateur de te rappeler de respirer. Si tu devais arrêter l'exercice en cours, nous te conseillons de prendre le temps d'accomplir la fin de l'exercice, qui consiste à ressentir ton corps. Comme cet exercice fait un grand usage de la respiration, il est important que les personnes ayant des troubles respiratoires soient sous surveillance étroite.

Refais ton mouvement d'intériorisation, comme à la première imagerie.

EXERCICE

Centre peu à peu ton attention sur ta respiration, sans tenter de la changer: d'abord l'inspiration, puis l'expiration. Il est conseillé de te fermer les yeux pour entrer plus facilement à l'intérieur de toi.

Concentre-toi d'abord sur ton corps. Tu prends conscience de la pesanteur de ton corps, avec sa musculature, ses os, ses tendons; de l'équilibre de ta tête sur ton cou; de tes épaules, des jointures de tes épaules et de tes bras. Tu ressens à la fois le poids et l'épaisseur de ton corps, de ta poitrine, de ton ventre, de ton dos et de tes jambes.

Puis, tu discernes petit à petit les sensations de chaleur et d'énergie qui émergent de ton corps pesant. Tu prends conscience d'un autre corps qui enveloppe ton corps matériel: celui de l'énergie et des sensations. Ressens l'énergie de ton visage, en particulier autour de tes yeux. Retiens les impressions de chaleur surtout à la nuque, aux mains, à l'arrière des genoux et à la plante des pieds. Cherche, sans effort, les autres points d'énergie et de chaleur répandus dans tout ton corps. À mesure que tu prends connaissance de ton corps énergétique, tu le distingues de ton corps lourd et opaque. Prends le temps d'observer les légers chatouillements, les vibrations, la chaleur, les pressions qui émergent de tout ton corps.

Tout en maintenant ta conscience à la fois sur ton corps physique et sur ton corps subtil, tu te concentres sur ta respiration, sur les deux mouvements d'inspiration et d'expiration. Remarque attentivement l'effet de ta respiration sur ton corps énergétique: quand tu inspires et que tu apportes de l'énergie, ton corps subtil devient de plus en plus lumineux et vibrant.

Continue d'observer la distribution de l'énergie de ta respiration sur la superficie de ton corps: c'est comme si elle allumait des courants de lumière. Sens encore davantage la distinction entre la légèreté de ton corps subtil et la lourdeur de ton corps physique.

Observe bien chacune de tes respirations et le processus de vie qui s'engage en toi. Conscience de la sensation... Sensation de la conscience.

Imagine maintenant que chaque expiration ne sera suivie d'aucune autre, comme si elle était la dernière. Chaque respiration est la dernière. C'est ton dernier souffle, qui n'est suivi d'aucune autre respiration. Tout en te prêtant à cet exercice, tu es surpris du retour spontané de l'inspiration. Tu n'arrêtes pas de respirer. Tu continues à t'abandonner, dans chacune de tes expirations, comme si elle était la dernière de ta vie.

Commence à constater que ton corps subtil se détache peu à peu de ton corps matériel et qu'il se libère progressivement de plusieurs points de contact avec lui. Accepte de partir avec lui et de laisser derrière ton corps pesant. C'est la fin de ta vie: avec ton dernier souffle, ton corps subtil prend son envol.

Abandonne-toi. Laisse ton corps léger continuer à se détacher de ton corps physique. Continue de t'abandonner. Laisse-toi mourir. Laisse aller tes dernières prises sur la vie matérielle.

Tes pensées disparaissent. Tu te délivres de la peur. Desserre encore plus ta prise sur la vie matérielle. Tu ne t'accroches à rien. Tu meurs doucement, dans le moment présent, en laissant tomber le passé et le futur. Tu abandonnes tout ce qui te retient: tes richesses, ton nom, ta réputation, ton travail, tes rôles dans la vie, tes projets et même ta raison: tout. Ton corps subtil devient de plus en plus léger et il se libère. Tu es libéré de toute pensée, tant celle de mourir que celle de vivre.

Tu deviens de plus en plus léger. Tu as l'impression de t'envoler, libéré de ton corps matériel, libre de tout souci, de toute préoccupation. Tu quittes ce corps trop lourd, qui colle ici-bas, ainsi que ces pensées trop pesantes. Vole vers l'au-delà. C'est ça. Va, libre, vers l'au-delà, assuré par ta foi d'aller vers Dieu.

Tu vas vers la lumière. Tu flottes dans l'espace. Tu es un oiseau libéré de sa cage. Libéré même de son vol dans l'espace. Tu deviens l'espace. Puis, tu es même libéré de l'espace.

Tu te laisses diriger vers la lumière de la lumière, dans l'espace à l'intérieur de l'espace. Tu quittes à la fois ton savoir et ton ignorance. Tu ne retiens rien. Rien ne te retient. Tu fais confiance à ton Dieu, tu es sûr d'aller rejoindre le Christ cosmique. Cœur ouvert, libre enfin, tu entres dans l'Esprit de l'amour universel de Jésus Christ lui-même et dans l'amour du Père pour tous les humains.

Tu fais partie de l'espace christique. Tu baignes dans la lumière. Tu n'as plus d'intérieur, ni d'extérieur. Tu es à la Source de l'amour et de l'intelligence. Tu es chez Celui qui est...

RETOUR

Reviens maintenant, peu à peu, de cet espace. Tu te sens transformé par cette rencontre. Réintègre ton corps physique: prends contact avec lui. Entre davantage en lui.

Prends conscience de la respiration qui anime ton corps. Tu entres en contact graduellement avec chacune des parties de ton corps: ta tête, ton cou, ta poitrine, tes épaules, tes bras, tes mains, ton ventre, ton dos, ton derrière, tes jambes, tes pieds. Tes deux corps refont jonction complète. Tes deux corps reprennent leur unité intime.

À ton propre rythme, prends le temps de revenir à l'extérieur de toi. Prends conscience des points de contact de ton corps sur la chaise ou le lit. Entends les bruits qui t'entourent. Regarde à l'extérieur. Frappe dans tes mains.

Tu retrouves le monde réel à l'extérieur de toi et tu es prêt à continuer ton voyage terrestre avec tes proches et les autres humains.

HUMOUR

Au moment de sa mort, Marius avait demandé à son ami d'arroser sa tombe avec un grand vin qu'il avait conservé précieusement dans sa cave pour cette occasion. Quand arriva le temps d'exécuter le rituel, l'ami se dit: «Sans doute que Marius ne m'en voudra pas de filtrer son vin dans mes reins avant de le répandre sur sa tombe.»

13
Intégrer les messages de ses rêves

Les rêves sont la voix de la nature en nous.

Maria von Franz

PRÉSENTATION

Est-ce important de s'occuper de ses rêves en fin de vie? Une célèbre psychologue jungienne, Maria von Franz, affirme au début de son livre, *On Dreams and Death:* «C'est à travers les rêves que la nature nous prépare à la mort.» (Maria von Franz 1987: vii)

Les rêves sont des messages de l'inconscient, cette partie de nous d'où émerge l'énergie de vivre et de créer. Ce sont des histoires où vivent des personnages obscurs, créations de notre monde intérieur et qui présentent des scénarios de vie pleins d'émotivité, d'expériences, de menaces et d'orientations pour l'avenir. En un mot, c'est notre moi profond qui se révèle.

Se familiariser avec ses rêves, c'est donc se lier d'amitié avec son inconscient et ainsi se permettre de vivre plus unifié et de puiser à sa propre sagesse.

RÉFLEXION

Que peuvent bien t'apporter tes rêves? Les rêves ont différentes fonctions. L'une d'elles consiste à terminer les situations laissées en suspens dans l'état d'éveil. Par exemple, tu as travaillé à un problème pendant la journée, sans trouver de solution; or, voici qu'au réveil, la solution se présente à toi.

Une autre fonction du rêve sert à te faire comprendre les parties de toi qui n'ont pas pu évoluer et celles qui ont été refoulées dans ton inconscient. Ces parties négligées ou oubliées ont tendance à revivre et à habiter tes rêves. Le rêve sert alors à équilibrer ton être. L'important n'est pas tellement d'analyser tes rêves, mais de les accueillir, tout simplement.

Une troisième fonction du rêve, importante celle-ci pour les personnes en fin de vie, c'est son aspect prophétique. Malgré la perspective de la mort plus ou moins prochaine, l'inconscient, par le rêve, affirme la force de la vie dans l'au-delà de la mort. C'est ainsi que, dans les rêves de plusieurs personnes en attente de la mort, on retrouve à la fois des thèmes de mort et de renaissance. En voici quelques-uns: la mort comme guérison, le corps comme un lieu de semence, la végétation qui meurt et revit, le mariage, un passage obscur, la réunion avec le corps, la lutte entre les forces du bien et du mal, la rencontre avec la lumière ou quelques personnages religieux...

En te rappelant tes rêves, tu seras plus en mesure de savoir comment ton psychisme se prépare à vivre, à mourir et à revivre.

PISTE DE CROISSANCE

Pour intégrer les messages de tes rêves, nous te suggérons tout simplement de les écrire ou de te les raconter, dans ta tête, sans te forcer à vouloir les comprendre. Par le seul geste de les remémorer ou de les rédiger, tu signifies à ton inconscient que tu le prends au sérieux et que tu veux accueillir ses messages.

Pour saisir davantage les messages de tes rêves, il serait bon que tu les racontes à quelqu'un en qui tu as confiance et qui ne tentera surtout pas de les interpréter pour toi. Tu seras surpris alors de découvrir des significations, sans les avoir cherchées consciemment.

Bien des personnes se découragent quand elles veulent savoir ce que leurs rêves signifient. Elles voudraient que le rêve leur parle dans un langage habituel, alors qu'il utilise son propre langage, qui est celui des symboles.

NOTA: Certains objecteront qu'ils ne rêvent pas. Il a été prouvé scientifiquement que tous les humains rêvent, même si certains ne se souviennent pas de leurs rêves. Si tu veux te souvenir de tes rêves, demande à ton inconscient, avant de te coucher, de t'aider à t'en rappeler. Pour manifester le sérieux de ta demande, place un calepin et un crayon près de ton lit. Tu peux aussi mettre un magnétophone pour les enregistrer dès ton réveil. Il est important de se rappeler ses rêves dans un état de demi-sommeil, car dès que nous sommes trop éveillés, le rêve a tendance à disparaître.

Ajoutons que certains médicaments, les somnifères en particulier, diminuent et même éliminent la période de rêves.

PRIÈRE

Seigneur, toi qui as parlé en songes
à tes prophètes et à saint Joseph,

fais-moi découvrir dans mes rêves
les indices de ta volonté.

HUMOUR

Le petit garçon au cimetière demande à ses parents: «Pourquoi plante-t-on les personnes après leur mort?»

Deux vieux amateurs de hockey se demandaient s'il y avait du hockey au ciel. Ils firent un pacte voulant que le premier qui mourrait viendrait en songe donner à l'autre la réponse de l'énigme. Lorsque l'un des deux mourut, l'autre attendit une révélation. Or, durant son sommeil, son ami décédé lui apparut en rêve: «J'ai deux nouvelles à t'annoncer, une bonne et une mauvaise. La bonne, c'est que "oui", il y a du hockey au ciel. La mauvaise, c'est que c'est toi qui gardes les buts demain soir.»

14
Faire la relecture de sa vie

*On a disposé une à une les petites pièces
claires ou sombres de la mosaïque
sans trop savoir pourquoi ni comment ;
soudain, en prenant un recul,
on en voit d'un coup le dessin.*

Cesbron

PRÉSENTATION

Tu te surprends à regarder en arrière. Spontanément, de vieux souvenirs meublent ton sommeil et continuent d'habiter ta journée. Tu te rappelles une naissance, une vieille querelle, le cadeau d'un amoureux, une peine, une joie. Peut-être, comme bien des gens, tu te blâmes en disant: «Je radote encore!» Mais non, tu ne radotes pas. C'est que tu commences à faire la relecture de ta vie. Nous te proposons, au cours de ce chapitre, une démarche structurée pour prolonger ce mouvement naturel.

RÉFLEXION

Le retour spontané sur ta vie est riche en croissance personnelle et source de joie et de communication, pour toi et pour les intimes avec qui tu voudras bien partager.

La relecture de ta vie t'aide à te rappeler les événements vécus et à y mettre de l'ordre, afin de trouver le fil d'Ariane qui sous-tend tous les événements de ta vie. Au niveau de ton être profond, rien ne se perd et tout peut prendre un sens, même les déboires! C'est le temps de revivre et de goûter à nouveau les moments heureux que tu as peut-être escamotés, de guérir tes blessures, d'accorder tes pardons. Ce retour sur ta vie te permettra d'embrasser d'un seul coup l'ensemble de ta vie et d'en découvrir toute la richesse.

Cet exercice te donnera l'occasion de rassembler les événements marquants de ta vie pour leur découvrir une nouvelle cohérence et leur donner un sens. Par exemple, tu peux trouver que telle perte a provoqué chez toi la création d'un projet, que telle souffrance t'a fait découvrir que tu avais en toi une ressource insoupçonnée.

Si tu fais la relecture de ta vie en recherchant les signes de la présence de Dieu, tu prendras conscience de ton «histoire sainte». Tu te dirigeras ainsi vers une joie intense et un état d'action de grâce.

PISTE DE CROISSANCE

Deux exercices pour faciliter la relecture de ta vie

La relecture de vie étant un mouvement naturel, tu peux procéder à ta manière ou te servir de l'une des deux méthodes que nous te présentons. La première est brève, alors que la deuxième peut s'allonger selon le temps et l'énergie dont tu disposes. Nous te suggérons de trouver une personne qui saura t'accompagner et s'émerveiller avec toi des richesses de ta vie.

Cet exercice préparera tes réflexions pour les chapitres suivants, en particulier ceux qui concernent les pardons, les projets encore réalisables, l'appréciation et la célébration des grands moments de ta vie, la découverte de ton identité spirituelle et l'écriture de ton testament spirituel.

Exercice court: ta ligne de vie

10   20   30   40   50   60   70   80

1. Fais un trait vertical pour marquer ton âge actuel.
2. Sous chaque chiffre qui précède ce trait, écris les événements marquants de cette période.
3. Sous chaque chiffre qui suit ce trait, inscris tes désirs et tes projets.
4. Encercle les événements heureux de ta vie.
5. Souligne les événements malheureux.
6. Si tu avais une baguette magique, que changerais-tu?

Exercice long: les chemins de ta vie

Dans les pages suivantes, laisse monter à ta conscience ce que t'inspirent les différents thèmes mentionnés pour chacune des périodes de ta vie. Relève des souvenirs, des expériences, des valeurs importantes, et symbolise-les par un mot ou une phrase.

Une fois ce travail terminé, prends le temps de réfléchir sur chaque période pour y découvrir ce qui demeure le plus important pour toi. Prends le temps de te réjouir et de partager tes découvertes.

a) **Jeune enfance (de ta naissance à ton entrée à l'école)**

   Événements importants:

   Lieux importants:

   Jeux, présages de ton travail futur:

   Jeux favoris:

   Personnes clés:

   Grands amours:

   Idéaux:

   Signes de la présence de Dieu:

b) **Grande enfance (de l'âge scolaire à ton adolescence)**

   Événements importants:

   Lieux importants:

   Loisirs:

   Études et travail:

   Personnes clés:

Amours:

Idéaux:

Signes de la présence de Dieu:

c) Jeune adulte (ta vingtaine)

Choix de carrière:

Choix de partenaire ou d'état de vie:

Événements importants:

Lieux importants:

Loisirs:

Études et travail:

Personnes clés:

Amours:

Idéaux:

Signes de la présence de Dieu:

d) Adulte

Événements importants:

Lieux importants:

Loisirs:

Études et travail:

Personnes clés:

Amours:

Idéaux:

Signes de la présence de Dieu:

e) Âge mûr

Événements importants:

Lieux importants:

Loisirs:

Études et travail:

Personnes clés:

Amours:

Idéaux:

Signes de la présence de Dieu:

Symbolisation

À l'occasion de la relecture de leur vie, certaines personnes se font un album de photos ou de souvenirs (un «scrap book»), un collage, un cadre de photos, etc. D'autres écrivent et même publient une tranche de leur vie. Ce travail peut constituer un précieux cadeau pour les proches.

PRIÈRE

Nous te rendons grâce
de tous tes bienfaits
ô Dieu tout-puissant
par Jésus Christ, ton Fils,
qui vit et règne avec toi
dans l'unité du Saint-Esprit,
Dieu pour les siècles des siècles.

HUMOUR

Le prêtre s'approche d'un de ses paroissiens très malade et lui dit: «Je viens vous parler de l'autre monde.» Et son paroissien de lui répondre: «J'apprécie votre visite, mais ne voyez-vous pas que j'en ai assez de celui-ci?»

Transcender

15
Passer de l'espoir à l'espérance

> *L'espérance transperce nos rêves inachevés et nos espoirs déçus*
> Sullivan

PRÉSENTATION

L'espoir est avant tout une attente confiante de pouvoir réaliser nos désirs, alors que l'espérance est plutôt une attente confiante basée sur la Parole de Dieu. Dans toute notre vie, ces deux réalités ont été à l'origine de nos motivations et de notre énergie.

À la nouvelle de leur mort prochaine, certains ont l'impression de perdre tout espoir et de ne plus vivre de leur espérance en Dieu. D'autres laissent tomber tout espoir et s'accrochent seulement à l'espérance. D'autres enfin maintiennent vivants à la fois leurs espoirs et leur espérance. Parmi ces réactions, où est-ce que tu te situes, toi?

RÉFLEXION

L'espoir

Chez tout être humain, les espoirs, réalistes ou farfelus, déçus ou réalisés, soutiennent les désirs. Cependant, tous les espoirs n'entretiennent pas la vie avec la même force. Réfléchis avec nous sur quelques espoirs communs à tous les humains et prends conscience de leur valeur réelle pour toi maintenant.

L'espoir d'immortalité sur terre

Toute réflexion sur la mort ébranle l'espoir de vivre éternellement sur terre. Avouons-le, chaque être humain a tendance à s'accrocher à cet espoir malgré l'évidence du contraire. Maintenir un tel espoir demande beaucoup d'énergie, au point de diminuer l'intensité de notre vie présente. Cet espoir, illusoire et toujours menacé, n'est pas celui de personnes sages. Si tu en fais le deuil, tu libéreras tes énergies pour profiter davantage de ta vie.

L'espoir de guérir

Malgré l'évaluation médicale, l'espoir de guérir prend une place majeure dans ta conscience. Il reste solidement enraciné et tenace comme une fleur sauvage. Qui oserait l'arracher? N'est-ce pas que l'on connaît tous quelqu'un qui a obtenu un miracle, et ce parfois à la toute dernière minute? «Qui sait?» te souffle ta petite voix intérieure. «Qui sait…? Qui sait…? Qui sait…?»

Que cet espoir de guérir prenne une petite place, telle une douce flamme au fond de toi qui t'encourage, soit. Mais si tu lui laisses toute la place, tu t'empêches de nourrir d'autres espoirs capables de te soutenir dans la maladie. Au fur et à mesure que ton déni de la mort s'estompe, de nouveaux espoirs limités peuvent surgir et soutenir tes nouveaux désirs.

Nous t'en offrons quelques-uns. Puisses-tu y réfléchir et en être inspiré!

- l'espoir de finir tel projet
- l'espoir de bien vivre aujourd'hui
- l'espoir de voir tel enfant naître
- l'espoir de ne pas souffrir
- l'espoir de faire tel voyage
- l'espoir de guérir telle blessure
- l'espoir de renouer telle relation
- l'espoir que quelqu'un d'autre termine tes projets
- l'espoir de laisser tes traces
- l'espoir de trouver un sens à ta vie
- l'espoir de…

L'espérance qui comble tout espoir

L'espérance est une attente confiante dans l'avenir, basée sur la Parole de Dieu et orientée vers le Royaume. Même si elle donne un sens à la vie de chaque jour, elle est surtout une vertu de la nuit. Et c'est dans la nuit que notre foi nous invite à faire des actes d'espérance. Quand les espoirs humains s'écroulent, l'espérance continue à briller et prend souvent une importance nouvelle. C'est de là que vient la confiance que le Père aimant nous attend au-delà de la mort.

Parfois, certains chrétiens confondent leur espérance et leurs espoirs humains. C'est bel et bien limiter l'espérance chrétienne, qui consiste à vivre en amitié avec Dieu, à nous réconcilier avec nos frères et à ressusciter comme lui. Au milieu de tous nos bouleversements, puisse l'espérance de l'amitié avec Dieu devenir notre point d'ancrage!

Témoignage

Voici l'histoire d'un homme qui avait cessé d'espérer.

Mon prince (comme nous l'appelions) était un banquier récemment retraité. Il avait trimé dur pour préparer sa retraite, qu'il comptait vivre en Arizona avec son épouse, car il aimait le chaud soleil du Sud.

Or voici qu'après avoir appris qu'il souffrait d'un cancer de la gorge il sombra dans un grand désespoir. La perte de son espoir de vivre au soleil de l'Arizona lui avait enlevé le goût de vivre. Il manifestait toute son aigreur en refusant sans arrêt les invitations de ses soignants:

«Que veux-tu manger?»
«Ça ne sert à rien, je vais mourir.»

«Aimerais-tu t'asseoir au soleil?»
«Ça ne sert à rien, je vais mourir.»

«Aimerais-tu que je te lise cette lettre?»
«Ça ne sert à rien...»

Son infirmière, frustrée par ses réactions, décida d'imiter son comportement pour le confronter:

«J'aimerais visiter Rome, mais je n'ai vraiment pas assez d'argent.
J'aimerais une voiture neuve, mais je n'ai pas assez d'argent.
J'aimerais un manteau de fourrure, mais je n'ai pas assez d'argent.
Mon salaire ne sert à rien.
À partir de la semaine prochaine, je le donne aux pauvres!»

À ces mots, le banquier sortit de sa torpeur et lui fit un grand sermon sur la valeur de l'argent, sur les multiples moyens d'investir et sur sa responsabilité morale de le faire fructifier. À mi-chemin de sa tirade, il s'exclama soudain: «Ma maudite, tu m'as eu! Ça va, tu gagnes! Allons nous asseoir au soleil.»

Cette plongée dans la vie lui fit redécouvrir les petites joies de la vie. Peu à peu, il prit conscience de l'amour qui l'entourait. Il se surprit à jouir des rencontres avec les gens. Il apprit à s'occuper des autres. L'expérience d'une vie sociale épanouie l'amena à se demander: «Vivre ainsi, serait-ce un avant-goût du Royaume de Jésus et de la Vie éternelle?» Au lieu de se concentrer sur ses espoirs de retraite déçus, non seulement avait-il retrouvé les petits espoirs de vie quotidienne, mais il goûtait déjà aux fruits de l'espérance qui comblaient ses aspirations les plus profondes.

Quelques jours avant sa mort, assis au soleil, il confia à son infirmière: «Je pense, non! je suis sûr que le soleil d'été d'Ottawa est aussi beau que le soleil d'Arizona. Je te dis au revoir, et quand ça sera ton tour de quitter cette terre, je viendrai à ta rencontre.»

PISTE DE CROISSANCE

1. Nous te suggérons de reprendre ta relecture de vie et de revoir les moments où ton espoir t'a permis de vaincre des difficultés et de réaliser tes désirs.

2. Dans un deuxième temps, rappelle-toi comment tu as maintenu cet espoir.

3. Troisièmement, regarde quel espoir peut encore te faire vivre et comment il peut le faire.

4. Enfin, résume en une phrase ce qu'est l'espérance chrétienne pour toi.

PRIÈRE

Père,
tu me vois devant toi,
riche de mes expériences,
rempli d'espoirs, d'appréhensions,
mais également rempli du désir de grandir.
Permets, Père très bon,
que mon expérience devienne partage;
mes appréhensions, espoirs;
ma fragilité, amour.
Que mes espoirs,
déjà espérance,
me fassent grandir, avec mes proches,
Dans ton amour.

André Gagné, prêtre

HUMOUR

Un bon vivant exprime un dernier désir:

> Je veux que la mort me frappe
> Au milieu d'un grand repas
> Qu'on m'enterre sous la nappe
> Entre quatre grands plats.

L'espoir, «cette petite chose ailée toujours perchée au fond de notre âme»...

(Emily Dickinson)

16
Se pardonner

> *Haïr son âme,*
> *c'est ne pouvoir se pardonner*
> *ni d'exister, ni d'être soi.*
>
> Bernanos

PRÉSENTATION

À la suite de la relecture de ta vie, tu as sans doute été confronté à des événements difficiles à accepter. Il se peut même que ceux-ci te poursuivent comme des fantômes. Tu ne te pardonnes pas facilement certaines actions ni certaines omissions de ta vie.

Loin de nous l'idée de vouloir augmenter en toi un sentiment de culpabilité déjà trop présent. Nous voulons simplement t'aider à accepter ce passé malheureux, à en faire le deuil, à lui trouver un sens et, peu à peu, t'amener à te pardonner.

RÉFLEXION

Voici une brève énumération de certains actes qui peuvent susciter la culpabilité: cela t'aidera à prendre conscience de tes propres moments pénibles et à t'en libérer:

Les fautes de jeunesse, les manques à la charité
Les rêves non réalisés par manque de courage
Les refus de grandir, les lâchetés, les découragements
Les erreurs de ta vie que toi seul connais
Les scandales publics
Les manques de fidélité dans l'amour et l'amitié
Les péchés en tant que refus de l'amour de Dieu
Etc.

Attention à la fausse culpabilité

En chacun de nous existe un «moi idéal», une partie de nous-mêmes souvent irréaliste qui tend à une perfection impossible. Ce «moi idéal» suscite souvent un sentiment de culpabilité obsessionnelle et névrotique, qui ne disparaît pas par le pardon et qui revient incessamment. Il nous incite parfois à des performances morales irréalisables. Dans les moments de faiblesse ou de crise personnelle, quand nous ne répondons pas à ses attentes, ce «moi idéal» s'irrite, se retourne contre nous et nous blâme. Bien que son intention soit positive (il cherche notre perfection), il ne nous traite pas de manière à nous faire grandir; au contraire, ses blâmes et ses attaques nous poussent au découragement et à la déprime.

Aussi est-ce important d'engager le dialogue avec cette partie de nous-mêmes. Nous commençons par l'amadouer, en la remerciant de vouloir notre perfection. Puis, nous lui apprenons à devenir plus réaliste, en lui demandant d'être moins sévère avec nous et de changer ses méthodes de redressement pour une approche plus encourageante. Si la partie idéale de nous-mêmes apprenait à encourager tous nos progrès, si minimes soient-ils, elle favoriserait notre croissance au lieu de la bloquer.

La vraie culpabilité

Alors que le sentiment névrotique de culpabilisation peut nous tyranniser et nous accabler, le sentiment de culpabilité normal et sain nous avertit d'une faute réelle, nous fait découvrir nos limites et nos faiblesses et nous indique la voie de l'épanouissement moral. Comme nous tous, tu cherches aussi à te libérer de ce sentiment normal de culpabilité. Tu désires vivre en paix et en harmonie avec toi-même, avec les autres et avec ton Dieu.

PISTE DE CROISSANCE

Voici deux démarches aptes à t'apporter la libération et la paix du cœur : la première est plus générale ; la deuxième, plus détaillée.

Il est difficile de se regarder et de revoir ses fautes sans tomber dans la désespérance. C'est pourquoi, pour les deux démarches de pardon à soi-même, mets-toi d'abord en présence de Dieu, du Dieu de bonté et de miséricorde toujours prêt à te pardonner. Affirme ta foi et ton espérance dans son amour pour toi, tel que tu es.

 **Première démarche**

    Prends le temps voulu pour bien entrer en toi.

    Renouvelle ton intention de te sentir libéré de toute mésestime et de toute haine à ton égard. Prépare-toi à te recevoir avec amour et compassion.

    Demande à Dieu, ou à ta source personnelle d'inspiration spirituelle, de t'accompagner dans cette démarche du pardon à toi-même et de remplir ton cœur de force et d'amour.

    Le moment est venu de laisser tomber tout sentiment d'agression, de mésestime de toi, de colère envers toi-même. Laisse s'évanouir tous ces sentiments destructeurs.

    Rejette toute tentation de te rabaisser, de te faire des reproches, de te comparer, de te croire supérieur ou inférieur aux autres.

    Une fois pour toutes, donne-toi la permission d'être toi-même.

    Prends conscience de la difficulté de te savoir rejeté de toi-même et de vivre à côté de ton propre cœur.

Invite lentement ton cœur à te reprendre et à t'aimer de nouveau. Invite-le à dire très doucement à la partie mal-aimée de toi: «Je te pardonne tes faiblesses, ton humanité blessée, tes aspirations démesurées, toutes tes fautes. Je te pardonne. Je te pardonne.»

Laisse ton cœur te dire: «(Ton nom: ....), je te reçois en moi. Je veux t'y faire une vaste place. Je te pardonne; je te pardonne.»

C'est ça. Efface tout jugement défavorable et toute amertume à ton égard. Laisse disparaître tout sentiment de dureté envers toi.

Continue à te recevoir avec gentillesse et avec amour, comme tu le ferais pour un enfant qui t'aurait offensé. Fais-toi encore plus de place dans ton cœur et vois-toi en train de t'envelopper de sa lumière et de sa chaleur.

Il se peut que tu te surprennes à te juger trop indulgent à ton endroit, au point de t'en sentir troublé. Accueille ces pensées sévères qui voudraient t'empêcher de te pardonner. Reçois-les et laisse-les fondre dans la chaleur bienveillante de ton cœur.

Sens ton cœur s'amollir petit à petit et se faire plus tendre à ton égard.

Commence à goûter la joie de te pardonner et la naissance d'une nouvelle liberté intérieure. Le soulagement que tu éprouves te fera comprendre la futilité de t'en vouloir plus longtemps.

Laisse la compréhension et l'estime de toi-même, la paix et la compassion de ton cœur imprégner tout ton être.

(Monbourquette 1992: 156-158)

Le pardon de toi-même qui s'appuie sur le pardon de Dieu t'apportera une grande libération intérieure. Avec celle-ci, tu seras plus en mesure de pardonner aux autres.

Deuxième démarche

Tout d'abord, fais le bilan des fautes et des ratés de ta vie. Si tu as déjà fait ta relecture de vie (voir chapitre 14), il te sera facile d'y retourner. Prends le temps d'énumérer ce dont tu n'es pas satisfait au plan moral dans ta vie passée.

Choisis deux ou trois fautes (ou ratés) qui semblent revêtir une plus grande importance pour toi. Évalue ta faute morale. Par exemple: je me reproche de m'être divorcé; quelle a été ma responsabilité dans mon divorce?

Une fois ta responsabilité établie, détache-toi de la faute qui t'a empêché d'atteindre ton idéal en te pardonnant à toi-même. Sers-toi d'une formule simple telle: «Je me pardonne de...» Pour rendre le geste de pardon plus concret, tu peux l'exprimer d'une manière symbolique: écris la faute sur un papier, puis brûle-le.

Tu peux maintenant te demander si cette faute a eu des conséquences positives. Exemple: dans mon divorce, j'ai reconnu mes difficultés d'aimer; j'ai appris à mieux me connaître et à ne pas répéter les mêmes erreurs dans mes autres relations d'intimité.

Y a-t-il lieu de réparer le dommage que tu as fait à l'occasion de la faute? Est-ce encore possible? Si oui, comment pourrais-tu réparer? Il se peut que l'expression de tes regrets aux personnes concernées soit suffisante.

Refais la même démarche avec tous les événements du passé qu'une saine culpabilité te reproche.

Tu pourrais en profiter pour faire une «confession générale» avec un prêtre. Entendre le pardon de Dieu par la bouche de son ministre t'aiderait à te pardonner à toi-même.

PRIÈRE

Bernanos disait qu'il est dangereux de se regarder dans ses faiblesses sans reconnaître la «douce pitié» de Dieu sur soi.

> Seigneur,
> quand je regarde mes fautes,
> j'ai peur de me blâmer,
> d'être impitoyable envers moi,
> de me désespérer.
>
> J'ai besoin de ton regard de tendresse,
> de miséricorde et de pardon
> pour m'accepter,
> pour m'apprécier,
> pour me pardonner.

HUMOUR

Sur son lit d'agonie, le rabbin David était très angoissé, car il se comparait à ses collègues qui avaient mieux enseigné, mieux fait la charité et manifesté plus de zèle que lui. Le rabbin Jacob, qui essayait de le consoler, l'avisa de demander à Dieu quelle question il lui poserait lors du jugement dernier. Le rabbin David entra dans une méditation profonde. Puis, tout à coup, un grand sourire illumina son visage. Intrigué, son confrère lui demanda: «Qu'est-ce que Dieu t'a dit?» Le rabbin David de répondre: «Au jugement final, Dieu va me demander: David, as-tu été fidèle à toi-même sur la terre?»

17
Célébrer les réalisations de sa vie

*Il n'y a pas de vie digne d'être vécue
s'il n'y a pas ce grain de folie qu'est la fête.*

René Dufay

PRÉSENTATION

Toute vie est tissée de joies et de peines, de moments de créativité et de moments de sécheresse. Au cours du quotidien, il arrive que nous ne prenions pas conscience de l'importance de nos réussites. Parfois, une fausse pudeur nous empêche d'afficher une saine fierté. Notre ambition nous porte souvent à passer d'un projet à l'autre, sans nous arrêter pour jouir de nos réalisations. Comme si, une fois le but atteint, cela n'avait plus de valeur!

Nous t'invitons donc à pallier à cette carence en prenant le temps de te réjouir de toutes tes réussites. Tu peux te donner la permission de dépasser les défenses qui pourraient t'empêcher de te valoriser. Car il est difficile de quitter cette vie si on n'a pas valorisé son vécu.

RÉFLEXION

À la relecture de ta vie (chapitre 14), as-tu senti monter en toi une fierté? Tu as peut-être même été agréablement surpris devant la liste de tout ce que tu as accompli. Par exemple, ce n'était pas une mince tâche que de choisir une carrière, d'éduquer des enfants, de poursuivre des études, de bâtir une entreprise, de planter un jardin merveilleux, etc. Permets à cette fierté de s'épanouir en toi.

Prends le temps de revoir tout ce que tu as réussi malgré les obstacles sur ton chemin. Ce que tu apprécies de ta vie ne sont pas des illusions, mais bien l'ensemble de tes réussites. Espérons que ce tour d'horizon t'encouragera à célébrer.

Témoignage

Nous t'offrons, en témoignage, les quelques célébrations suivantes: puissent-elles inspirer ta propre célébration!

— Après avoir mis de l'ordre dans ses affaires, Pierre invita ses proches à un grand repas. Avec l'aide de son épouse, il choisit un petit cadeau en argent pour chaque invité. «Te souviens-tu?» était le sujet de conversation le plus en vogue ce soir-là. Le magnifique repas fut suivi de musique et de danse. Même si sa faiblesse ne lui permettait pas de danser, Pierre vécut le plaisir d'entendre les rires, les échanges, et de parler à chacun de ses invités.

— De son côté, Roger, après avoir fait le tour de son jardin intérieur, téléphona à son fils: «Apporte bien vite le meilleur champagne et viens, ce soir, avec tes frères. Nous lèverons un verre ensemble une dernière fois. Comme ma vie a été bonne...»

— Pauline, hospitalisée, affaiblie et sans voix, posa un geste similaire à celui de Roger. Avec les moyens du bord, c'est-à-dire en se servant

> de petits verres à médicaments remplis de «Ginger Ale», elle porta un dernier toast à la vie, en compagnie de toute sa famille.
>
> — Conscient que sa fin était proche, Jésus réunit ses disciples une dernière fois, à la table, pour un repas. Prenant le pain, il leur laissa un signe de son amour.

PISTE DE CROISSANCE

1. Apprécie tes réalisations

   a) Nous t'invitons à reprendre ta relecture de vie et à prendre conscience de toutes tes réussites. Tu refais ainsi ton *curriculum vitae*. Cette fois-ci, tu le fais pour te le présenter à toi-même.

   Si tu as de la difficulté à le faire, demande à quelqu'un de t'aider.

   b) Après ce tour d'horizon, apprécie chacune de tes réalisations, une par une, en commençant par: «Je suis fier de...»

   c) Prends maintenant le temps de rendre grâce au Seigneur de tout le bien qu'il a fait en toi et par toi.

2. Choisis un moyen bien à toi de fêter ta vie

PRIÈRE

Prière de reconnaissance

Seigneur, il se fait tard

Seigneur, il se fait tard et déjà le jour baisse.
En ce moment précieux, je veux te dire merci
pour les jours de mon enfance, où j'ai appris la vie;
de mon adolescence, où j'ai appris l'amour;
et des années fertiles, où j'ai semé mes graines,
autant dans mon patelin que dans celui du voisin.
J'ai cueilli des fruits, pour des années entières.
Seigneur,
devant toute cette richesse que ta lumière éclaire,
je me tourne vers toi et je reste ébloui.

Seigneur, il se fait tard et déjà le jour baisse.
En ce moment précieux, je veux te dire merci
pour les épines et les roses, les espoirs et les fruits,
les rires et les peines, autant que les grandes joies,
les moments de tendresse et les pardons vécus,
pour ta Parole autant que pour ta présence,
mais surtout pour les amours que tu as soutenus.
Seigneur,
en ces dernières journées, que ta lumière éclaire
tout ce vécu que je t'offre en te disant Merci!

Denise Lussier-Russell

HUMOUR

Parce que Tom, le sixième de ses dix enfants, ne lui ressemblait pas, un mari s'était toujours demandé s'il était bien de lui. Sur son lit de mort, il demanda à sa femme, comme faveur ultime, de lui dire la vérité sur le vrai père de Tom. Elle lui répondit: «Ne t'inquiète donc pas: Tom est le seul dont tu es le père.»

18
Prendre conscience des projets réalisables

*C'est grand la mort,
c'est plein de vie dedans.*

Félix Leclerc

PRÉSENTATION

Les gens qui côtoient la mort développent une conscience aiguë du caractère précieux de la vie et de l'urgence d'en profiter au maximum. Mais comment ces prises de conscience se traduisent-elles par des réalisations concrètes? Fie-toi à tes désirs et à tes espoirs, car ils sont les indices les plus révélateurs des orientations à prendre pour ta croissance actuelle.

La majorité de tes désirs sont sans doute irréalisables. Pour ceux-là, c'est le temps d'en faire le deuil. Quant aux autres, ceux qui sont encore réalisables, tu peux réussir à les combler avec un peu d'imagination et d'aide.

RÉFLEXION

À titre d'inspiration, nous soumettons à ta réflexion des réalisations que certaines personnes ont réussies en fin de vie.

Steve souffrait d'un souffle au cœur. De sa propre initiative, il commença à recueillir de l'argent pour la fondation des maladies du cœur.

Mathieu Froment-Savoie, un garçon d'un talent musical prodigieux, se retrouva à onze ans atteint d'un cancer. Il écrivit un livre intitulé *Le cancer à onze ans,* qu'il dédia à sa sœur Julie. Mathieu s'exprime ainsi sur la vie: «Le cancer m'a beaucoup pris, mais je reste malgré tout convaincu que la vie a plus à donner qu'à prendre.» À la demande expresse de Mathieu de composer une symphonie «comme Beethoven», sa mère, inspirée par le courage de son fils, créa une pièce musicale d'une sensibilité remarquable.

Avant de mourir de leucémie, notre amie Christine a réussi à apprendre à jouer de la guitare, le grand rêve de sa vie. Elle partagea son temps entre son travail de pastorale scolaire et l'apprentissage de la guitare.

Jeannine ne voulait pas mourir avant d'avoir réussi à tricoter suffisamment de bas de laine à l'homme de sa vie, «pour les dix prochaines années». Elle a réussi son projet.

Durant sa captivité dans les camps de concentration nazis, le psychiatre Victor Frankl observait et prenait des notes sur ses réactions et sur celles de ses camarades, afin de comprendre ce qui motive les gens à survivre. Malgré les horreurs de son quotidien, il a su déceler des signes d'entraide et de tendresse. Il croyait à sa dignité et à celle de l'être humain. Aussi rien, ni les indignités, ni la faim, ni la souffrance, ni la mort, n'ont pu lui ravir sa force intérieure.

Terry Fox, âgé de 22 ans, a été décoré de l'Ordre du Canada pour son courage et sa persévérance. Malgré l'amputation de sa jambe à cause d'un cancer, il commença à s'entraîner comme coureur de fond. Parti le 16 avril 1980 de Saint-Jean, Terre-Neuve, il voulait traverser le Canada à pied (8,350 kilomètres) pour ramasser des fonds au profit de la recherche médicale. Ses efforts ont rapporté des millions de dollars à la Société de recherche pour le cancer. Grâce à lui, de nombreuses villes canadiennes organisent avec beaucoup de succès, chaque année, une marche semblable.

Ces exemples t'inspirent-ils? As-tu un ou des projets précis pour te permettre de mieux vivre?

PISTE DE CROISSANCE

Adieu à tes rêves irréalisables et bienvenue aux nouveaux projets

1. Donne libre cours à ton imagination. Qu'est-ce que tu aurais vraiment le goût d'accomplir, si tu n'avais aucune limite? Ne te censure pas à cette étape.

2. Reprends les points de ta liste, un à un, en éliminant les projets irréalisables et ceux qui t'intéressent moins.

3. Choisis alors LE projet qui te paraît le plus important.

4. Examine de près ce projet. Garde-toi de dire «non» sans avoir pesé toutes les possibilités de l'accomplir. De quelle aide as-tu besoin pour le réaliser? Quelles personnes de ton entourage ont les ressources pour t'aider?

5. Parles-en à quelques personnes, tout en évitant les «rabat-joie».

6. Si tu le juges irréalisable, ravise-toi. Cherche à voir si une partie du projet peut encore être accomplie. Par exemple, écrire un article dicté plutôt qu'un livre en solo.

7. Ton projet doit respecter quelques critères, comme être vivifiant pour toi, court et précis.
8. Ne perds pas de temps: organise-toi et... bonne chance!

PRIÈRE

Seigneur, j'ai le temps, j'ai tout mon temps à moi, tout le temps que tu me donnes... Les heures de mes journées sont à moi.

À moi de les remplir, tranquillement, calmement, et de les remplir tout entières, jusqu'au bord, pour te les offrir, et que de leur eau fade, tu fasses un vin généreux comme jadis à Cana.

Je ne te demande pas ce soir, Seigneur, le temps de faire ceci et puis encore cela; je te demande la grâce de faire consciencieusement, dans le temps que tu me donnes, ce que tu veux que je fasse.

(Quoist 1954: 128-129)

HUMOUR

Une comtesse, vivant les derniers moments de sa vie, reçut l'invitation d'assister à un bal donné par une autre dame de la société qui ignorait son état de moribonde. La comtesse, qui faisait toujours les choses avec élégance, lui fit parvenir cette réponse: «Madame, recevez toutes mes excuses; je ne pourrai assister à votre bal, étant tout occupée à mourir.»

19
Se préparer aux grands détachements

*La mort nous dépouille de nos biens
pour nous habiller de nos œuvres.*

Valtour

PRÉSENTATION

Toute la vie, nous nous détachons de beaucoup de choses afin de grandir. À partir de notre naissance, nous vivons plusieurs séparations, parfois pénibles, qui conduisent à l'état adulte.

Maintenant, à cause d'une maladie sérieuse, tu subis les détachements non plus à un rythme naturel, mais à un rythme accéléré. Ce sont des séries de détachements qui s'imposent à toi, et tu as souvent de la difficulté à les assumer.

RÉFLEXION

D'une part, il y a des détachements d'ordre passif, ceux que tu n'as pas le choix d'accepter. C'est le cas des détachements et des limites de vivre imposés par la perte de la santé et dont nous avons traité au chapitre 3.

D'autre part, il y a des détachements actifs, soit ceux que tu peux décider d'accomplir toi-même, à ta façon et à ton rythme. Par exemple, tu peux te départir de certains objets devenus inutiles, comme ta voiture, certains livres, tes skis, etc. Dans ce cas, il t'appartient de le faire en toute liberté, comme un geste d'amour envers les tiens.

Pour toi, un geste de détachement dépassera le simple don d'un objet précieux et pourra prendre des dimensions insoupçonnées. C'est le cas de Marc, qui voulait donner sa voiture à son frère Jean. À cause de sa maladie, il ne pouvait plus s'en servir et savait que Jean avait besoin d'une nouvelle voiture. Ce dernier hésita longuement: d'une part, il ne voulait pas priver Marc de sa Subaru; d'autre part, il ressentait de la difficulté à accepter un don de son grand frère, à cause de conflits antérieurs. À la fin, Jean accepta le don de Marc et voulut lui donner une signification de réconciliation. Dans une lettre de remerciement, il lui écrivit: «Ton jeune frère te remercie, grand frère, pour le cadeau de ta voiture...» Par ces paroles, Jean reconnaissait à Marc son rang de grand frère et lui remettait ainsi son droit d'aînesse qu'il lui avait usurpé plus jeune. Marc consentit, de son côté, à offrir ses souffrances par amour pour le travail apostolique de son «petit frère». Il put ainsi mourir avec toute sa dignité de grand frère.

Prends garde de succomber à la tendance de te dépouiller trop vite de choses dont tu auras encore grand besoin. Telle cette femme qui, après avoir donné toute sa garde-robe, s'est retrouvée démunie au moment où elle devait se vêtir d'une robe. Prenons encore l'exemple de ce professeur qui, à la nouvelle de son cancer, a donné tous ses livres; à la suite d'une rémission, il s'est vu obligé de les réclamer pour poursuivre son travail.

Lors de tes détachements volontaires, ne sois pas surpris de ressentir la peine du deuil. Rassure-toi: après la douleur, tu ressentiras une grande libération.

Grâce aux objets dont tu te sépareras, tu te détacheras peu à peu de ton «moi» superficiel et de tous les rôles qu'il a assumés et tu trouveras ton «moi» profond. C'est un peu comme si tu accouchais de toi-même.

> ### *Témoignage d'une mourante*
>
> Un grand voyage, ça se prépare, surtout lorsqu'il est sans retour. Je me sens toute légère après avoir mis à la poubelle mes notes de recherche en vue d'un mémoire de maîtrise. Ma garde-robe n'a plus besoin d'être aussi variée: je donne, je jette. Je me sens toute prête pour un nouveau cap. Quelle sensation de liberté!
>
> (Charest 1987: 45)

PISTE DE CROISSANCE

1. Fais une liste des biens dont tu es prêt à disposer. Écris les noms des personnes à qui tu voudrais les donner de ton vivant. Chaque jour, tu pourrais te détacher d'un de ces biens.

2. Rappelle-toi que ce n'est pas la valeur de l'objet qui compte, mais bien le sens que peut prendre le don et la qualité d'amour qui accompagne le geste.

3. Pour les quelques objets précieux que tu gardes autour de toi, avertis, par écrit, ton exécuteur des noms des personnes à qui tu veux les donner après ta mort.

4. Célèbre maintenant cette nouvelle libération.

PRIÈRE

Seigneur,
toi qui as connu le dépouillement complet,
    celui de tes vêtements, de tes amis, de ton pays,
    de ton prestige, de ta dignité,
pour devenir le témoin de l'Amour absolu
    et de la gloire de Dieu le Père,
aide-moi dans le dépouillement de ma santé
    et dans le détachement quotidien de mes biens
pour me libérer de mes raideurs, de mes réserves,
    de mes insécurités et de mes faux-semblants
qui me séparent des autres et qui me séparent de toi.

Que le dépouillement du «vieil homme»
fasse place à «l'homme nouveau», renouvelé par l'Esprit.

Prière du silence

Fais silence et place-toi en présence de Dieu. Laisse-toi baigner dans une grande lumière qui Le représente. Permet à cette lumière de te pénétrer lentement, de pénétrer ta peine, de pénétrer ton corps lourd, de pénétrer ta tête, ton esprit, tes pensées... Écoute le silence. Goûte cette lumière silencieuse. Reviens dans le réel dès que tu en sens le besoin, conscient que tu peux retourner à ces moments précieux aussi souvent que tu le désires.

HUMOUR

On ne met jamais de poches au linceuil.

(Proverbe)

L'homme entre dans le monde avec les poings fermés, comme s'il disait: «Le monde m'appartient.» Il quitte ce monde les mains ouvertes, comme s'il disait: «Je n'emporte rien.»

(Le Midrash)

20
Dire «oui» à sa mort

Vous voudriez connaître le mystère de la mort.
Mais comment le trouverez-vous,
si vous ne le cherchez pas au cœur de la vie?

Kahlil Gibran

PRÉSENTATION

Peut-on arriver à accepter sa mort? Plusieurs personnes se sont dépouillées, après de longues luttes, de leurs illusions d'immortalité physique. D'autres parviennent à dépasser les diverses formes de déni et à accepter leur mort non seulement comme délivrance de leurs maux présents, mais aussi comme l'aboutissement normal de leur vie. Quelques-unes en viennent même à désirer leur mort pour rencontrer le Seigneur.

RÉFLEXION

Acceptation, déni ou résignation

L'acceptation de sa mort se distingue du déni et de la résignation. Il y a déni lorsqu'on ne peut pas envisager cette réalité dans sa vie. Quant à la résignation, le dictionnaire en donne la définition suivante: «La soumission en dépit de ses répugnances.» C'est une forme d'acceptation forcée, stoïque et triste, qui s'exprime par des expressions telles que «Je n'y peux rien», «Tout le monde doit y passer», «Je dois essayer de m'y faire.»

Quant à l'acceptation de la mort, elle s'accomplit par étapes. Au départ, les gens apprennent à accepter le phénomène de la mort comme une réalité incontournable: c'est la première déchirure de l'illusion de l'immortalité. Puis ils se laissent toucher par la mort des proches; peu à peu, ils reconnaissent que la mort va les atteindre un jour. À la fin, ils disent «oui» à leur mort personnelle, ce qui transforme leur perception de toute leur vie.

Signes de l'acceptation de sa mort

Mais comment peut-on reconnaître l'acceptation véritable de sa mort? Dans la capacité de s'abandonner à cette réalité! Nous avons dissous, par nos pleurs, nos dernières attaches. Nous en parlons à cœur ouvert; notre discours est devenu paisible et franc. Nos vieilles peurs qui nous portaient au marchandage se sont atténuées et ont même disparu. Notre harmonie intérieure rayonne sur notre entourage. Nous vivons une solitude sans isolement.

Celui qui a accepté sa mort atteint une nouvelle liberté et fait l'expérience d'un nouvel espace intérieur, libre des peurs et des résistances à mourir. Il demeure très vivant et règle ses frustrations à mesure qu'elles se présentent. C'est là, au dire des soignants, une forme d'état de grâce vécu par la majorité des mourants. Il faut ajouter que l'acceptation de la mort ne signifie pas qu'elle sera suivie sous peu de la mort elle-même, comme pourrait le laisser croire la croyance populaire.

Conditions pour l'acceptation de sa mort

C'est à la suite de grandes luttes contre l'anxiété du mourir que tu peux arriver à dire «oui» à la mort. L'accueil simple du mourir se fait petit à petit. Tu règles d'abord tes conflits; tu trouves réponse à tes questions; tu vois à l'inachevé et au non-dit. Puis, ton acceptation de la mort s'approfondit quand tu parviens à situer ta mort dans la totalité de la vie, plutôt que de la voir comme une réalité fragmentée. Enfin, tu acceptes réellement ta mort quand tu prends conscience que tu appartiens à une communauté humaine et spirituelle, telle ta famille, ton groupe social, l'humanité et la communauté des Saints, qui te survit et se continue.

Rappelle-toi que ta vie a connu de multiples petites morts. Pense à tous les détachements et à tous les deuils que tu as vécus. Si, après chacune de ces petites morts, tu as découvert un nouveau sens à la vie, tu pourras considérer la grande mort de la même manière. La mort deviendra pour toi une transition majeure, et non une transition étrangère. Cette connaissance que chaque mort porte en soi le germe de sa résurrection pourra avoir raison de tes plus grandes angoisses et t'apporter la paix.

Mouvements d'avancement et de recul

Nous ne voulons pas te donner l'impression que l'acceptation de ta mort se fera une fois pour toutes: au contraire, elle se fera par des mouvements de va-et-vient. Tu connaîtras des moments de grande paix devant l'inévitable. Puis, de vieilles peurs reviendront te hanter. Peu à peu, tu t'apercevras que ces peurs se feront de moins en moins bouleversantes. Stephen Levine, dans *Who Dies?*, rapporte l'histoire de cette femme qui, à la suite d'une grande panique en face de sa mort prochaine, avait atteint un état de paix et d'acceptation. Le lendemain de son accalmie, elle appelait Stephen pour lui dire que sa détresse avait ressurgi. Après quelques moments de partage avec son accompagnateur, elle put retrouver toute sa sérénité antérieure.

Les différentes formes de «oui» à la mort

Parmi les diverses façons de dire «oui» à la mort, peux-tu reconnaître ton «oui» d'aujourd'hui? Est-ce un petit «oui»? un «oui, si...»? un «oui, quand...»? un «oui, mais...»? un «n'oui»? un «OUI»?

PISTE DE CROISSANCE

Tout ce que tu as fait jusqu'ici pour bien vivre ta situation, tel que mettre de l'ordre dans tes affaires et dans tes relations, faire la relecture de ta vie et concrétiser ta vision de l'au-delà, concourt à l'acceptation graduelle de ta mort.

Dans presque toutes les traditions religieuses, le moment de la mort est toujours considéré comme très important. Parfois, on se prépare toute une vie à pouvoir prononcer le nom de Dieu au moment de mourir et de retourner à lui. Quand le mahatma Ghandi fut assassiné par une balle, il eut le temps de murmurer «Ram», un des noms de Dieu, avant de mourir. Des générations de juifs pieux sont morts avec ces mots sur les lèvres: «Entends, Ô Israël, l'Éternel est notre Dieu, l'Éternel — ce qui toujours fut et toujours sera — est Un.»

Les amérindiens, eux, préparaient leurs jeunes guerriers à mourir en leur faisant découvrir leur chant de la mort à partir d'une méditation, d'un rêve ou d'une vision; parfois, c'était leur grand-père qui le leur donnait. Le chant de la mort était un moyen pour le guerrier de se centrer instantanément, de manière à garder son cœur ouvert et son esprit présent dans les dangers. Après avoir répété son chant de la mort des milliers de fois, le guerrier sur le point de mourir chantait spontanément son chant; il évitait ainsi la panique et préparait son entrée dans le monde des esprits.

Cette pratique, qui fut très courante chez les chrétiens, tomba dans l'oubli avec le déni général de la mort. Combien de prières chrétiennes étaient des préparations immédiates au mourir!

Nous te proposons, comme exercice, soit d'adopter une prière qui pourra devenir «ton chant de la mort» ou «ton chant d'espérance», soit de t'en composer un.

Voici des exemples de prières qui pourraient te servir de «chant d'espérance»:

>Le nom de «Jésus» répété plusieurs fois.
>
>Jésus, je t'aime.
>
>Viens, Seigneur Jésus.
>
>Mon Dieu et mon tout. (saint François d'Assise)
>
>Mon Père, je m'abandonne en toi.
>Fais de moi ce qu'il te plaira. (Charles de Foucault)
>
>Seigneur Jésus, Fils de Dieu, prends pitié de moi.
>
>Le Seigneur est mon berger; je ne manque de rien.
>
>Seigneur, entre tes mains, je remets mon esprit.
>
>Jésus, Marie, Joseph, assistez-moi à mon agonie
>et accueillez-moi en votre paradis.
>
>Venez, saints du ciel; portez-moi secours.
>Anges du Seigneur, venez à ma rencontre.
>
>Marie, j'ai confiance en vous.

PRIÈRE

Tu peux choisir «ton chant d'espérance» ou t'en créer un, en demandant une inspiration spéciale de Dieu.

Au lieu de t'offrir ici une prière, nous te suggérons de pratiquer «ton chant d'espérance». Il serait avantageux que tu le dises en respirant, quelques mots en inspirant, d'autres en expirant. Après plusieurs exercices, ton propre mouvement respiratoire portera ta prière.

HUMOUR

Prière d'un fidèle: «Mon Dieu, je désire beaucoup vous connaître, mais ne précipitez pas notre rencontre.»

21
Revoir son image de Dieu

Dieu, c'est quand la divine douceur vient à moi,
sans que je la refuse ou la méconnaisse.

Maurice Bellet

PRÉSENTATION

Dans les moments de crise, de grandes pertes ou de grandes peurs, notre équilibre physique, émotionnel et spirituel se trouve ébranlé. Il n'est pas rare que les coups durs nous forcent à revoir nos croyances et, en particulier, notre image de Dieu. Alors que cette dernière peut avoir été stable pendant longtemps, les grands bouleversements de la vie nous obligent souvent à mettre en question notre conception de Dieu.

Ta situation de grand malade ne serait-elle pas l'occasion de revoir l'idée que tu te fais de Dieu et tes relations avec lui?

RÉFLEXION

Où en étais-tu dans ta connaissance de Dieu avant ta prise de conscience de la mort comme réalité? Qui est Dieu pour toi, maintenant?

Certains voient Dieu comme un personnage lointain, assez indifférent, qui les laisse vivre sans trop intervenir dans leur vie. Mais, au moment d'une épreuve, se réveillent en eux les images d'un Dieu sévère ou justicier qui leur inflige un malheur. Et ils se demanderont: «Pourquoi Dieu m'envoie-t-il un tel malheur, à moi?»

D'autres sont surpris et révoltés de se voir accablés, alors qu'ils ont bien rempli leurs devoirs religieux. Dieu paraît alors comme un ingrat ou un être capricieux qui ne respecte pas son contrat de protéger les chrétiens fidèles.

Un bon nombre de gens voient en Dieu une force menaçante, qu'il faut contrôler. Pour eux, c'est le moment de marchander avec lui pour recevoir une guérison ou un sursis de leur fin prochaine.

D'autres seront frappés par le silence de Dieu et tomberont dans une nuit profonde de la foi. Où est Dieu? Où se cache-t-il? Pourquoi devient-il distant et inabordable au moment où ils en ont le plus besoin?

Il est sûr que devant la grandeur et la majesté de Dieu, on se sent petit et impuissant. C'est la situation de Job, quand Dieu lui décrit les merveilles de la création. Une fois mis en face de la grandeur de Dieu, voici ce que Job répond: «Je sais que tu es tout-puissant: ce que tu conçois, tu peux le réaliser. J'étais celui qui brouille tes conseils par des propos dénués de sens. Aussi ai-je parlé sans intelligence de merveilles qui me dépassent et que j'ignore.» (Job 42, 2-4)

Depuis Job, les chrétiens ont eu la révélation d'un autre Dieu, le Dieu de Jésus, un Père plein de tendresse. Il se fait impuissant devant la liberté des humains. Il connaît la souffrance humaine pour l'avoir vécu. Il promet la douceur de sa présence à tous ceux qui souffrent.

Connais-tu le Dieu de Jésus?

> *Témoignage*
>
> Pour Maurice Bellet, auteur de *L'épreuve,* Dieu n'est pas un être distant et menaçant, mais Celui qui posséderait au maximum les qualités humaines; c'est ce que Jésus nous a démontré, car il est venu nous enseigner comment vivre et comment mourir.
>
> «Dieu, c'est le plus humain de l'homme. C'est pourquoi l'image de Dieu, c'est l'homme enfin totalement démuni de ses défenses contre l'homme, non par faiblesse, mais parce qu'il est le don même, le principe vivant de la divine douceur, et que, même dans l'écrasement, il ne dévie pas d'une ligne de cette justice.»
>
> (Bellet 1988: 63)

PISTE DE CROISSANCE

Les visages de Dieu dépendent beaucoup de nos antécédents familiaux et des conditionnements de notre culture. Ceci dit, nous te présentons une liste, bien incomplète, des images courantes de

Dieu. Veux-tu simplement en lire la description et noter quelles images ont été importantes à divers moments de ta vie?

Le petit Jésus qui pleure.
Le Dieu pourvoyeur.
Le Dieu justicier et punitif.
Le Dieu qui se nourrit de sacrifices.
Le Dieu jaloux du plaisir des humains.
Le Dieu débonnaire et peu intéressé à ta croissance.
Le Dieu timoré et doucereux.
Le Dieu du devoir et de l'obligation.
Le Dieu professeur qui demande la perfection en tout.
Le Dieu qui vient te secourir dans tous les événements de ta vie.
Le Dieu absent qui ne t'importune pas.
Le Dieu tout-puissant et inabordable.
Le Dieu que tu retrouves dans la création.
Le Dieu père ou mère.
Le Dieu, humble et fraternel comme Jésus.
Le Dieu qui aime sans conditions et qui te rend aimable.
Le Dieu qui se fait impuissant devant ta liberté.
Le Dieu de miséricorde et de pardon.
Le Dieu compagnon fidèle dans ta souffrance.
Le Dieu intime à ton cœur.
Le Dieu de «douceur».
Le Dieu ...

1. Quelles images gardes-tu encore et qui ne correspondent plus à ton évolution actuelle?

2. Ces images, veux-tu les laisser tomber et en faire le deuil?

3. Avec quel accompagnateur veux-tu faire ce travail spirituel?

4. Quelle nouvelle expérience de Dieu change maintenant ton image de Dieu? Es-tu prêt à l'accueillir et à le partager avec d'autres?

5. Comment tes rapports avec lui s'en trouvent-ils modifiés?

PRIÈRE

Te connaître toi, le vrai Dieu

Que la douceur du visage de fête
du Christ Jésus

vous apparaisse et vous rassure.

(Jules Bulliard 1988: 127)

HUMOUR

Henri Thoreau, agnostique célèbre, reçut la visite de sa tante Louisa alors qu'il était à l'agonie. Elle lui demanda s'il s'était réconcilié avec Dieu. Et lui de répondre: «Je ne savais pas que je m'étais querellé avec lui.»

22
Découvrir son identité spirituelle

*Je t'ai donné ton nom :
tu es à moi
et moi, je t'aime.*

Isaïe 43, 1-3

PRÉSENTATION

Nous sommes sans cesse à la recherche de notre identité personnelle. Si bien que la question «Qui suis-je?», tout en étant fondamentale, est loin d'être simple. En effet, nous affichons plusieurs identités, plus ou moins profondes, qui représentent différentes facettes de notre être. Par exemple, je peux m'identifier comme homme, francophone, époux, etc. Avec la maturité, nous arrivons à reconnaître les aspects les plus stables de notre moi profond.

Une maladie sérieuse menace plusieurs facettes de l'identité que nous nous sommes bâtie. Un malade nous confiait: «Je n'aime pas ce que la maladie fait à l'architecture de mon être; j'ai peur de ne plus me reconnaître.» Or, plus la personne s'identifie aux aspects extérieurs d'elle-même, tels que son apparence et ses rôles, plus elle sera ébranlée par les bouleversements de sa vie.

Aussi, toi qui vis beaucoup de changements, nous t'invitons à te découvrir, à rejoindre ton moi le plus profond, ton vrai moi, pour savoir comment tu ressembles à Dieu.

RÉFLEXION

Chaque être humain vit, d'une façon unique, son «être au monde» en relation à Dieu, parce que chacun a été créé unique et fait à sa ressemblance. C'est là ton identité spirituelle, qui intègre ton tempérament, tes attitudes, tes talents et tes valeurs. Cette identité se développe tout au cours de ton histoire personnelle. Tu reflètes ainsi la présence de Dieu au monde.

Ton identité spirituelle ne se découvre que peu à peu, à travers les qualités par lesquelles tu lui ressembles. Une meilleure connaissance de ton identité spirituelle deviendra pour toi source de solidité, de fierté et de joie, principalement au milieu des changements rapides causés par ta situation. C'est au niveau de ton être profond que tu es appelé à grandir.

> ### *Témoignage*
>
> Réjean, un jeune homme atteint du sida, définit son identité spirituelle en se décrivant comme «une personne remplie d'amour» et «un instrument de paix». Cela lui apporte une profonde sérénité au milieu de ses grandes souffrances:
>
> «Je vais continuer à vivre comme j'ai commencé à vivre depuis le jour de ma naissance: rempli d'amour dans le fond de mon être. Je suis conscient que, depuis toujours, je suis un instrument de paix et que cela va continuer ainsi. Je remets tout dans les mains de la Vie qui m'a déjà pris dans ses mains... Je me trouve à l'instant à l'endroit même où il me faut être et je pourrai toujours en dire autant. Pas de lieu, pas d'espace où je ne sois aimé.»
>
> (Beaulieu 1989: 23)

PISTE DE CROISSANCE

Les quatre étapes de l'exercice suivant ont pour but de t'aider à nommer ton identité spirituelle. Libre à toi de les faire toutes, ou uniquement celles qui te conviennent.

Première étape

1. Rappelle-toi les grands moments de ta relation à Dieu; par exemple, ta première communion, ton premier acte de foi personnel, les moments où tu as reçu des révélations de Dieu, ton choix de vocation, tes moments forts au cours de retraites, etc.

2. Souviens-toi comment Dieu s'est manifesté à toi.

Deuxième étape

1. Rappelle-toi les personnages bibliques, les saints et autres personnes que tu admires beaucoup.

2. Choisis celui qui t'attire le plus.

3. Qu'est-ce que tu aimes chez ce personnage?

4. Résume en une phrase les raisons pour lesquelles tu aimes ce personnage:
   J'aime _____ parce que _____

5. En quoi ressembles-tu à ce personnage?

Troisième étape

Qu'est-ce que tu trouves le plus important dans la vie? Dresse une liste de trois à cinq valeurs, que tu mettras en ordre de priorité.

Quatrième étape

1. Qu'est-ce qui t'attire dans la vie spirituelle?

2. Quand tu es déprimé, qu'est-ce qui te soutient?

SYNTHÈSE

Prends note des similitudes et des constances qui reviennent au cours de tes réponses et découvre ainsi comment tu reflètes Dieu dans ta personne. Puis, résume en une phrase ton identité spirituelle.

Je suis _____

PRIÈRE

>Nous te rendons grâce
>de tous tes bienfaits
>ô Dieu tout puissant
>qui vis et règnes
>dans l'unité du Saint-Esprit,
>Dieu pour les siècles des siècles.

HUMOUR

Un malade, souvent très impatient, disait à ceux qui le faisaient attendre quelque peu: «Laisse faire: je le ferai de l'autre côté.» Or, un jour qu'il demandait la bassine et que l'infirmière retardait à la lui apporter, il lui dit: «Laisse faire, j'irai chier de l'autre côté!» Et il mourut à l'instant.

23
Faire son testament spirituel

Oh! je voudrais qu'on écrive mes paroles,
sculptées dans le roc pour toujours.

Job

PRÉSENTATION

Il y a plusieurs façons de «laisser tes traces» après ta mort. Beaucoup de tes réalisations vont perpétuer ta mémoire. Ici, nous te suggérons un moyen de «laisser tes traces»: ton testament spirituel. Tu as sans doute déjà fait ton testament légal, qui partage tes biens entre tes héritiers. Le testament spirituel, lui, n'est ni un document légal, ni une obligation. C'est une façon de faire part aux tiens de ta sagesse accumulée durant ta vie.

Ce que tu es maintenant, tu le dois en partie aux personnes que tu as fréquentées tout au cours de ta vie. Chacune, à sa façon, t'a partagé un brin de sa philosophie de vie. Cette sagesse recueillie ici et là t'a aidé et t'aide encore à vivre, à grandir et te soutient dans les moments difficiles.

Par le partage de tes connaissances de vie aux générations futures, tu deviens un maillon irremplaçable de la merveilleuse chaîne de la conscience humaine. As-tu le goût de faire part à ceux et celles que tu aimes de ce que tu trouves essentiel dans la vie?

RÉFLEXION

Nous te présentons deux exemples de testament spirituel pour t'inspirer lors de la préparation du tien.

Le testament spirituel d'un lutteur québécois

Jean Rougeau, un lutteur du Québec, est décédé des suites du cancer en mai 1983. Lors de sa réception de la médaille *Bene Merenti de Patria*, il exprimait le sens profond de son vécu en ces termes:

> «J'ai le cœur gros de joie... Si vous saviez comme ça me fait plaisir de vous voir autour de moi... Quand je regarde la vie d'où je suis maintenant, je vois bien clairement que la seule chose vraiment vraie, c'est l'amour. L'amour qu'on reçoit, bien sûr, mais plus encore celui qu'on donne. Je n'ai jamais autant apprécié qu'aujourd'hui les sentiments que

j'éprouve pour mes parents, pour ma famille, pour les Québécois et pour le monde entier. Et puis, je ne peux pas m'empêcher de penser que, si on concevait la vie, quand on l'a en pleine force, et avec l'âme qu'on a, quand on est à la veille de la quitter, on s'apercevrait vite qu'au fond, le seul commencement de solutions à tous nos problèmes, c'est l'amour.

Et quelle que soit votre philosophie personnelle de la vie, je vous demanderais de ne pas sourire si j'ajoute... l'amour de Dieu. Je vous le dis bien simplement, parce que c'est la vérité: c'est ma foi en Dieu qui me permet de livrer presque sous vos yeux mon dernier combat. Mon combat le plus long et le plus dur, parce qu'il me faut le mener seul contre un adversaire qui l'emporte toujours...»

(Extrait d'un quotidien, 1983)

Le testament spirituel d'une mère

Voici le testament spirituel que Suzanne Charest adresse à ses deux fils:

«Avec les qualités et les limites qui étaient miennes, j'ai essayé de te faire grandir; avec les qualités et les limites qui seront tiennes, tu essaieras à ton tour d'en faire grandir d'autres. Le Seigneur a son "idée" sur toi. Il te prépare pour un projet unique que toi seul pourras réaliser, car toi seul, tu as les qualités et les limites qu'il faut pour le rendre à bonne fin. L'expérience de séparation d'avec moi que tu vis présentement fait partie de la préparation nécessaire à la réalisation de ce projet; et tu as en toi toute la force, toute l'énergie nécessaire pour passer à travers et en tirer profit. La foi nous dit que chaque événement vécu est un message de Dieu qui cherche par tous les moyens à communiquer avec nous; chaque événement amène aussi une force momentanée pour vivre cet événement et pour en comprendre le message.

Ma présence dans le cœur du Père te gardera toujours branché à Lui, quelles que soient les étapes heureuses que tu franchiras. Je te souhaite toute la sève de l'Église; que ton contact avec la communauté qui t'entoure te soit force et réconfort!

Quand, à ton tour, viendra ton heure dernière, si tes certitudes s'effritent, appuie-toi bien fort sur mon amour pour toi, sur les certitudes qui étaient miennes et tu verras comme il sera plus doux de faire le passage.

Que le Soleil, dynamisme de Vie, guide tes pas!»

Maman
(Charest 1987: 164-166)

PISTE DE CROISSANCE

Faire ton testament spirituel

Nous te proposons quelques débuts de réponse pour te mettre sur la piste et t'aider à réunir tes idées pour les léguer aux autres:

La vie, c'est...
Ce qui est le plus important pour moi dans la vie, c'est...
Ce que j'ai le plus aimé faire dans ma vie, c'est...
Ce qui me donne le plus d'énergie, c'est...
Maintenant, je...
La mort pour moi, c'est..
Ce que je trouve le plus difficile dans la mort, c'est...
Ce qui me déprime vraiment, c'est...
La vie éternelle, c'est...

À partir de tes réponses, résume en quelques phrases ce que tu as appris de plus important dans la vie et que tu voudrais partager avec les autres. Tu peux l'exprimer de diverses façons: texte écrit, dessin, collage, cassette, etc.

Écrire ton épitaphe

Nous te suggérons un autre exercice: celui d'écrire ton épitaphe ou l'inscription que tu aimerais voir sur ta pierre tombale. Tu peux commencer par les mots: «Ci-gît une femme (ou un homme) qui...» ou tout simplement faire l'énumération des qualités par lesquelles tu aimerais que les gens se rappellent de toi. Exemple: «Marie a été une femme d'une grande douceur, une épouse vivante et fidèle, une mère attentive et pleine de tendresse et une amoureuse de Dieu le Père.»

PRIÈRE

Le testament spirituel de Jésus

>   Mes petits enfants,
>   je n'en ai plus pour longtemps à être avec vous.
>   Je vous donne un commandement nouveau:
>   Aimez-vous les uns les autres.
>   Oui, comme je vous ai aimés,
>   vous aussi, aimez-vous les uns les autres.
>   À ceci, tous vous reconnaîtrez pour mes disciples:
>   à cet amour que vous aurez les uns pour les autres.
>   Il n'est pas de plus grand amour
>   que de donner sa vie pour ses amis.
>   Vous êtes mes amis,
>   si vous faites ce que je vous commande.
>   (Jean 13, 33-35; 15, 13-14)

HUMOUR

Épitaphe d'un poète:
>Ignoré de tout l'univers,
>un poète ci-gît sans bruit.
>Il ne put vivre de ses vers,
>mais les vers vivront de lui.

24
Reconnaître l'aspect prophétique de son vécu

> *Autant le mourant a-t-il besoin de la communauté pour vivre son mourir ; autant la communauté a besoin du mourant pour se rappeller les vérités éternelles.*
>
> Docteur Cicely Saunders

PRÉSENTATION

Un prophète est celui qui révèle Dieu. De tout temps, il y a eu des prophètes. L'impact de certains grands prophètes, tels que Ghandi, Mère Teresa, Martin Luther King et autres, a atteint des millions de personnes. Il existe aussi des prophètes de l'ordinaire, qui nous éveillent à la présence de Dieu dans notre vie quotidienne.

Ta situation de grand malade te situe dans la ligne de ces prophètes de l'ordinaire. D'abord, tu fais prendre conscience aux gens de ton entourage de la courte durée de la vie, tout en leur révélant son côté précieux. Puis, ta façon d'assumer ta pénible expérience dans l'espérance et l'amour peut devenir signe de la présence active de Dieu dans le quotidien.

RÉFLEXION

À cause de ta mort prochaine, tu confrontes les gens de ton milieu à cette réalité. Tu les pousses à repenser à leurs valeurs. Peut-être qu'au départ tu risques d'être troublé par leurs angoisses; en même temps, considère comment ta situation peut devenir une occasion de croissance pour eux. Nous en avons la preuve chez les soignants, qui se disent transformés par leurs contacts avec les mourants. En effet, les centaines de soignants que nous avons côtoyés ont confirmé avoir grandi tant au plan humain que spirituel, et ce à cause de leurs relations avec les mourants. Voici, parmi les nombreux commentaires recueillis, ceux qui reviennent le plus souvent:

J'ai appris à apprécier chaque journée.
Quand je suis lasse, je visite Marc afin de profiter de sa paix.
Les valeurs matérielles sont devenues moins importantes pour moi.

Mes relations sont devenues ma priorité.
Je n'ai plus peur de la mort et je vis plus intensément.
Je ne laisse plus traîner mes problèmes: je les règle dans l'immédiat.
J'ai changé de carrière pour mieux me réaliser.
J'ai confiance en ma capacité de mourir à mon heure.
Moi qui n'ai jamais «usé» un banc d'église, j'ai commencé à prier.
Mon image de Dieu a changé; maintenant, c'est un Dieu d'amour.

(Chénier 1990)

Si ta situation interpelle les gens, ta façon de la vivre le fait encore plus. Dans ta maladie, ta prise en charge de ta vie, ton attitude devant la souffrance, ton ouverture aux autres, bref, toute ta manière d'être enseigne à ton milieu comment vivre et comment mourir. Il n'est donc pas rare que tous ceux et celles qui fréquentent un mourant perdent leur peur de la mort et découvrent une nouvelle joie de vivre. Comme le dit l'écrivain Cesbron: «La mort ferme les yeux des mourants et ouvre ceux des vivants.»

Les mourants deviennent nos maîtres de vie. Toi aussi, tu peux le devenir. Mais encore plus, par ta foi, ton espérance et ton amour de Dieu, tu deviendras prophète du Royaume de Dieu.

Nos prophètes modernes

Ils sont nombreux ceux que nous aurions pu choisir comme exemples de prophètes de l'ordinaire. Nous t'en présentons trois, que nous avons choisis pour leur authenticité et leur simplicité.

Les anges ne sont pas tous au ciel

Léo était un journalier à la retraite depuis dix ans. Lorsqu'il apprit la nouvelle que son cancer était incurable, il n'en fut pas très bouleversé, car il avait déjà apprivoisé la mort.

Malgré son acceptation spontanée, il vécut des remous émotionnels. Alors qu'il cachait ses émotions aux hommes qu'il connaissait, il les confiait aux femmes de son entourage, qui passaient de longues heures à l'écouter. Peu à peu, une paix remarquable émana de sa personne, à un tel point qu'il commença à s'ouvrir aux autres hommes du département.

Léo s'entoura de compagnons avec qui il pouvait discuter des grandes questions de la vie. Un jour, il décida de chercher ses réponses chez un grand penseur ou, comme il le disait si bien, «une grande tête»: il entreprit la lecture de la vie de saint Augustin. Après quoi, lorsque certaines questions surgissaient, il commençait ses réponses par «Ti-Gus a dit...» Et c'est ainsi que Léo vécut ses dernières semaines.

La nuit précédant son décès, Léo, faible et en hémorragie, souffrait d'une soif intense. Ses voisins de chambre, Paul, Greg et André, ce dernier surnommé le «singe ambulant» à cause de ses blagues, se chargèrent de lui donner à boire à tour de rôle. Au petit matin, Léo devint inconscient. Il trouva cependant la force de sortir de cet état lorsqu'il entendit l'annonce de l'heure de la messe: «Je n'ai pas la force d'y participer», dit-il. Ce à quoi Greg répliqua: «Je ne suis pas catholique mais je vais y aller à ta place. Tiens, j'apporte tes fleurs et ne crains rien, je sais me conduire.»

Peu après, sa nièce, le personnel et ses amis reçurent le *viaticum* avec Léo. Léo leur fit une dernière recommandation: «Surtout, ne faites pas de folies, vous autres.» Rompant le silence, Greg répétait: «Les anges ne sont pas tous au ciel», tandis que Paul se secouait la tête en disant «C'est ti-beau, mais c'est ti-beau!» De son côté, le «singe ambulant» était à bout de farces.

Ayant reçu le diagnostic de son cancer, Paul nous a confié qu'il lutterait pour sa vie et que, s'il devait mourir sous peu, sa mort, il voulait la vivre comme Léo.

Cinq ans plus tard, nous avons rencontré Greg qui avait fait beaucoup de changements dans sa vie: devenu sobre, il était retourné au travail, avait aidé ses fils à se libérer de la drogue et cherchait à se réconcilier avec son épouse. Comme il nous le disait, tous ces changements, il les devait à la manière de mourir de Léo: «S'il y a des gens comme Léo sur la terre, la vie, ça doit vouloir dire quelque chose!»

Une moniale rejoint son divin époux

Sœur Côté, une moniale du Monastère du Précieux Sang à Ottawa, est décédée à l'âge de 85 ans d'une crise cardiaque. Elle avait déjà subi quelques crises auparavant et expliquait sa guérison par un simple: «Ce n'était pas mon heure.» Le but même de sa vie, soit l'union à Dieu, ne serait consommé que dans la mort.

À la sortie d'un office, elle tomba par terre devant toute la communauté. Aux religieuses qui s'agitaient auprès d'elle, elle conseilla simplement: «Ne vous agitez pas, mes sœurs, ce n'est que mon divin époux qui vient me chercher. Agenouillez-vous et priez avec moi.» Et dans un dernier sourire, elle cessa de respirer.

Réjean affirme sa sainteté

Dans un article intitulé *La peur ne me fait plus peur,* Réjean, qui sait bien que ses heures sont comptées à cause du sida, confie à Christian Beaulieu ses convictions sur sa sainteté:

«Je suis sûr que je suis déjà un saint et je pense que tout le monde est saint, même s'il n'en est pas conscient. Ma sainteté vient de ce que je suis aimé, même lorsque je ne corresponds en rien à mon image de moi-même jusqu'à ce jour. C'est sûr, je suis loin d'être parfait. Mais, être un saint, ce n'est pas être parfait. Je suis saint parce que je suis aimé. On ne devient pas saint; on naît saint, en étant enfant de Dieu. La seule chose qui fait que quelqu'un est un saint ne vient pas de nous, mais de Dieu qui veut qu'on le soit.»

(Beaulieu: 22)

PISTE DE CROISSANCE

1. Connais-tu des personnes qui te paraissent exemplaires dans leurs souffrances ou dans leur vie? Comment peux-tu te servir maintenant de ce qu'elles t'ont appris?

2. Tu pourrais demander à un soignant épanoui ce qu'il retire de son travail auprès des malades.

PRIÈRE

> Ô Énergie de mon Seigneur, (...) donnez-moi donc quelque chose de plus précieux encore que la grâce pour laquelle vous prient tous vos fidèles. Ce n'est pas assez que je meure en communiant. *Apprenez-moi à communier en mourant.*
>
> (Teilhard de Chardin 1957: 96)

HUMOUR

Quand le fils sortit de la chambre où venait de mourir son père, les proches s'empressèrent de savoir quelles avaient été les dernières paroles du mourant. «Il n'a pas eu la chance de parler, répondit-il, ma mère était auprès de lui.»

25
Vivre dans la lumière de la résurrection

> *Je suis la résurrection.*
> *Qui croit en moi, fût-il mort, vivra;*
> *et quiconque vit et croit en moi*
> *ne mourra jamais.*
>
> Jean 11, 25-26

PRÉSENTATION

Les personnes en fin de vie se posent souvent cette question au fond de leur cœur: «Qu'est-ce qu'il y a au-delà de la mort?»

L'humanité tout entière se pose cette même question depuis le début des temps. Toutes les religions ont essayé et essaient d'y répondre à partir de leur vision de la vie et de la mort. Les lieux funéraires des peuples les plus primitifs contiennent des effets personnels du mourant et autres provisions, ce qui confirme leur croyance dans une vie après la mort. À travers les rêves, on trouve des symboles signifiant que l'inconscient croit à des formes de renaissance après la mort.

Plusieurs personnes ayant frôlé la mort de près décrivent des expériences similaires. Dans *La vie après la vie,* le docteur Moody a recueilli des témoignages de personnes ayant vécu l'expérience du mourir. Certaines ont eu l'impression d'être sorties de leur corps matériel d'où elles ont observé leur propre corps inerte et entendu les commentaires des soignants. Elles se sont retrouvées dans un corridor sombre, au bout duquel une lumière intense les attirait, et ont eu le sentiment d'être «jugées» par la lumière elle-même. D'autres ont rencontré des parents ou des connaissances qui les ont reçues et guidées dans le tunnel. Un bon nombre affirment qu'il leur a été très difficile de quitter ce lieu de bonheur pour réintégrer leur corps matériel.

Tous ces faits ne constituent pas des preuves de l'au-delà; ils viennent cependant appuyer une croyance presque universelle en celui-ci. Pour nous, chrétiens, l'au-delà prend la forme de la Vie éternelle avec Jésus ressuscité, qui nous garantit notre propre résurrection déjà présente.

RÉFLEXION

Pour le chrétien, la résurrection tient la place centrale dans sa vie de foi; c'est aussi le mystère le plus mal compris.

Tout d'abord, la résurrection n'est pas seulement un phénomène de l'après-vie; elle est déjà commencée chez tous ceux et celles qui ont la grâce divine en eux. Car la grâce, c'est la vie même de Dieu en nous; elle est donc une semence de vie éternelle en germination dans notre humanité actuelle. Par la grâce, nous vivons au-dessus de nos moyens: nous pouvons connaître Dieu de sa propre connaissance et nous pouvons l'aimer de son propre amour. À la suite de la mort, par la résurrection, la vie divine se manifestera dans toute sa splendeur.

Plusieurs croient faussement que seule l'âme humaine ressuscite. Ils ont de la difficulté à s'imaginer que le corps lui aussi participe à la résurrection. D'autres pensent à tort que la résurrection des corps serait une forme de réanimation de notre corps charnel, une sorte de miracle comme celui de la réanimation de Lazare. Enfin, un certain nombre se méprennent en considérant la résurrection comme un passage momentané dans l'au-delà avant de pouvoir se réincarner à nouveau.

Mais comment se manifestera la résurrection de l'après-vie? Avec la résurrection, il y aura la pleine révélation de la vie divine en nous, non seulement dans notre âme mais aussi dans notre corps ressuscité et réuni à notre âme. C'est alors que nous participerons à la vie de Dieu, le Père qui a ressuscité son Fils Jésus par la force de l'Esprit et qui a permis ainsi à tous de vaincre la mort comme lui et de vivre de sa vie. Ce n'est pas par nos propres mérites que nous allons vivre de la vie même de Dieu, mais bien parce qu'il a aimé tous les humains dans son Fils. C'est lui, Jésus Christ, qui, dans sa chair, a fait le passage de la mort à la vie et a promis de ressusciter tous ceux et celles qui croient en lui. N'a-t-il pas dit: «Je suis la Résurrection et la Vie»?

Mais de quel corps s'agit-il? Il n'est sûrement pas question ici du corps charnel, mais plutôt d'un corps mystérieux, énergétique et lumineux qu'on appelle «le corps glorieux». C'est un corps qui retient l'identité du corps charnel sans garder ses qualités matérielles. Déjà, sur terre, le corps a subi plusieurs transformations sans perdre son identité; il en sera de même dans la résurrection, où il sera transformé d'une manière plus radicale. Il deviendra un corps rayonnant de beauté et de maturité, un corps sans souffrance, un corps qui, au lieu de tenir l'âme prisonnière, en deviendra le parfait moyen d'expression. Il participera donc aux qualités spirituelles de l'âme, en lui obéissant en tout.

Des accompagnateurs remarquent qu'au moment de mourir la physionomie de nombreuses personnes revêt un tel rayonnement qu'ils y voient un signe avant-coureur du corps glorieux. Ce phénomène a été reconnu au point qu'on lui a donné le nom de «syndrome de coda».

Il serait inconcevable que le corps, qui a été lié intimement à l'âme tout au cours de la vie terrestre, ne participe pas lui aussi au rayonnement de l'âme en union avec le Christ cosmique, parfait reflet de l'amour de Dieu.

PISTE DE CROISSANCE

Comme le dit saint Paul, il n'est pas facile de s'imaginer ce que Dieu réserve aux croyants dans la résurrection. Ce qui peut peut-être nous rapprocher le plus de la joie de la résurrection, ce sont les moments d'extase ou de grand bonheur de ce monde. Pâles reflets de la vie éternelle, ils nous permettent tout de même d'avoir une perception analogique, si minime soit-elle, de la béatitude.

INTÉRIORISATION

Prends maintenant le temps d'entrer en toi-même, comme tu le fais depuis le début de ce livre.

EXERCICE

Pour chaque expérience d'extase dont tu vas te rappeller, trouve un moyen d'ancrer les sensations et les sentiments par un geste, comme celui de serrer le poing. Ainsi, toutes les fois que tu voudras retrouver cet état de bonheur, tu n'auras qu'à refaire ce geste d'ancrage.

Souviens-toi de moments de prière intense, de révélations spéciales de la divinité, d'union à Dieu.

Laisse monter en toi les moments les plus heureux de ta vie, des moments sacrés...

Revis les expériences d'un grand échange d'amour, de l'accouchement d'un enfant, d'un coucher de soleil, de la vue d'une chute d'eau, de l'immensité de l'océan...

Laisse monter en toi des expériences de beauté, comme celle d'une musique inspirante, d'une œuvre d'art, d'un paysage, d'une visite dans une cathédrale...

Laisse tous ces moments de grand bonheur se dérouler devant toi et t'animer d'une grande joie.

Permets à ces moments d'éternité de t'animer jusque dans le plus profond de ton corps.

RETOUR

Permets-toi de revenir dans le réel, en respectant ton propre rythme.

Toutes ces expériences, si sublimes soient-elles, ne constituent sûrement pas l'expérience de la résurrection; elles peuvent, au moins, t'en donner un avant-goût.

PRIÈRE

Voici l'époux qui vient à ta rencontre,
bénis le Seigneur, rends-lui grâce,
car l'heure a sonné pour toi
des noces éternelles avec l'Agneau.
Reçois de lui
le baiser de la paix éternelle.

(Hymne du bréviaire)

HUMOUR

Des enfants demandaient au professeur ce que c'était que de mourir. Le professeur leur dit que mourir, c'était comme s'endormir sans se réveiller. Alors, un des enfants dit: «Moi, je ne mourrai jamais, car c'est ma mère qui me réveille tous les matins.»

Mourir

26
Choisir un guide pour l'au-delà

Vous savez qu'aucun être humain
ne peut mourir seul...
Chaque homme a des guides.
Elisabeth Kübler-Ross

PRÉSENTATION

Nous considérons trop souvent les personnes décédées comme des êtres étrangers et lointains. Ils auraient vécu à une autre époque et jouiraient maintenant d'une existence nébuleuse sans rapport avec la nôtre. C'est là une image bien inexacte de la Communauté des saints. Il serait plus juste de voir en eux des hommes et des femmes qui ont connu les mêmes joies et les mêmes peines, les mêmes bonheurs et les mêmes angoisses que nous. Ces personnes absentes, et pourtant bien présentes, ont été transformées et font partie du corps mystique du Christ. Loin d'être des personnages-fantômes ou des souvenirs heureux, nos proches qui nous ont précédés dans la mort intercèdent maintenant pour nous auprès du Seigneur.

RÉFLEXION

L'après-vie est un mystère que l'on cherche à comprendre par la raison, mais qui ne peut être percé que par l'intelligence intuitive. Le passage dans l'autre monde restera toujours inquiétant et même angoissant, comme toute plongée dans de grandes aventures. De plus, la tradition populaire et l'imagination, tout en affirmant l'après-vie, lui attribuent un aspect dramatique et souvent épouvantable.

Afin d'appréhender et d'apprivoiser l'au-delà, on cherche à se relier aux personnes déjà mortes. Dans *La mort, un nouveau soleil*, le D^{re} Elizabeth Kübler-Ross appuie cette idée: «Vous savez qu'aucun être humain ne peut mourir seul, dit-elle, (...) parce que des gens qui sont morts avant vous, et que vous aimiez, vous attendent toujours... Chaque homme a des guides, que vous le croyiez ou non, et que vous soyez juifs, catholiques ou sans religion n'a aucune importance. Car cet amour est inconditionnel, et c'est pourquoi à chaque homme est fait le cadeau d'un guide.» (1990: 30-31)

La tradition chrétienne t'offre un moyen d'atténuer ton angoisse et de te relier avec les morts par la croyance en la Communauté des saints. Rey-Mermet la définit ainsi: «La communion des Saints, c'est d'abord, au niveau des personnes, l'immense Communauté de tous les fidèles de ce monde et de l'autre. La communion des saints, c'est le branchement de la vie de chacun des enfants de Dieu avec la vie de tous les autres, dans le Corps mystique du Christ.» (1976: 375)

Se relier aux morts devient aussi un phénomène courant pendant les derniers jours de vie terrestre. Plusieurs mourants sentent la présence sécurisante d'une personne aimée qui les a précédés dans la mort. Par exemple, cette jeune fille de vingt ans, dont la mère est décédée depuis une année, dit à ses proches: «Ne vous inquiétez pas; maman est avec moi, et tout se passe bien.» De même un homme, quelques minutes avant sa mort, se lève, ouvre les bras et accueille son frère défunt avec un sourire d'extase. Et Nancy, après «la confession générale» de sa vie, une vie parsemée d'aventures sexuelles désastreuses, choisit Marie-Madeleine comme guide dans l'au-delà: à la suite de ce geste, Nancy se sentit détendue et prête à mourir en paix.

Comme tu peux le constater, tu peux toi aussi choisir ton guide afin de te rassurer devant ce monde de l'après-vie qui peut t'apparaître à la fois mystérieux et familier. Remarque que choisir ton guide ne signifie pas que tu vas mourir prochainement.

PISTE DE CROISSANCE

Choisir ton guide

INTÉRIORISATION

Prends un moment de détente et rentre à l'intérieur de toi.

EXERCICE

Centre-toi sur ton cœur.

Cherche parmi tes parents et tes connaissances ceux qui te semblent les plus aptes à te guider dans l'au-delà.

Parmi ceux-ci, laisse venir l'image d'une personne en particulier avec qui tu te sens plus à l'aise.

Imagine cette personne devant toi. Entre en relation intime avec elle et demande-lui si elle veut te recevoir à ta mort et t'orienter dans l'au-delà.

Puis laisse-la partir pour l'instant et prends peu à peu conscience du monde à l'extérieur de toi.

Tu peux reprendre ton dialogue avec ton guide aussi souvent que tu en sentiras le besoin.

PRIÈRE

«Dieu n'est pas le Dieu des morts, mais des vivants.»
(Matthieu 22, 32)

Pour dire ce qu'est le ciel, Jésus a un mot encore plus bref: la Vie. Et il précise dans sa prière à Dieu, juste avant de mourir: «La vie éternelle, c'est qu'ils te connaissent, toi, le seul véritable Dieu...»
(Jean 17, 3)

Jésus,
    tu es la Vie où se fonde l'espérance.
    L'espérance unit ceux que la mort sépare.
    Tu as dit au bon larron: «Aujourd'hui même,
    tu seras avec moi dans le paradis.»

    Donne-moi d'être reçu par ... (ici nomme le guide que
                                                     tu as choisi)
    quand tu le jugeras bon.

HUMOUR

Une femme fatiguée des cuites de son mari décida, avec l'aide de quelques amis, de lui faire une grande peur. Alors qu'il était en état d'ivresse, elle décora sa chambre en salon funéraire et tous se déguisèrent en fantômes. Quand notre homme se réveilla, il fut tout surpris du décor et demanda où il était. Un de ses amis, déguisé tout en noir, lui dit qu'il était mort et passé dans un autre monde. Se soulevant à peine, l'acoolique s'informa: « Pouvez-vous me dire où se trouve la taverne la plus proche?»

27
L'immédiat de sa mort

J'aurai l'air d'être mort
mais ce ne sera pas vrai.

Antoine de Saint Exupéry

PRÉSENTATION

Quel mystère que la vie! Quel mystère que la mort! Jusqu'ici, nous avons surtout mis l'accent sur la vie, et avec raison: la vie est tellement précieuse! Aujourd'hui, nous tenons à nous pencher avec toi sur l'immédiat de la mort et sur les questions que les gens se posent aux dernières heures de leur vie.

En général, le fait d'avoir perdu «l'art de mourir» suscite en nous des scènes de fin de vie autant irréalistes qu'effrayantes. Par contre, les accompagnateurs et les témoins qui ont survécu à la phase finale nous offrent un autre portrait du mourir, à la fois simple et rassurant. Une fois les grandes angoisses vécues et dépassées, la plupart des gens font l'expérience d'une paix toute spéciale. Pour ta propre paix, nous voulons te décrire les phénomènes de l'immédiat de la mort.

Signes avant-coureurs

Les mourants savent habituellement quand ils vont mourir, car ils ont un vif pressentiment de leurs derniers jours. Forts de notre expérience, nous osons affirmer que ce pressentiment est l'échéancier le plus exact de leur mort. De plus, plusieurs semblent être en relations paisibles avec des connaissances déjà mortes; par exemple, ils pensent souvent à eux, leur parlent et rêvent à eux. Ils vivent en partie avec ces proches et se tournent vers eux pour être rassurés.

Il n'est pas rare, non plus, qu'une petite angoisse passagère accompagne ce pressentiment. Toutefois, la confiance bâtie petit à petit, au cours de la préparation, se révèle plus forte que l'angoisse.

Fait étonnant à noter, la grande majorité des mourants vivent une dernière journée exceptionnelle, sentant un bien-être physique et psychologique et faisant preuve d'une clarté mentale même après des périodes de confusion. Ils ont l'impression d'être sur la voie de la guérison. C'est un peu comme si dame nature injectait un regain de vie pour donner la force de traverser le passage; un peu comme le regain d'énergie avant l'accouchement.

La dernière phase

Quand tout est prêt, tes dernières heures se remplissent de calme et de paix. Au fond, mourir n'est rien d'autre qu'un phénomène naturel et demeure relativement facile; il s'agit de faire confiance à ton corps, qui sait comment mourir.

Voyons les changements que ton entourage peut observer:

— Tes extrémités deviennent froides, parce que la circulation se retire vers les organes vitaux pour qu'ils maintiennent une sensation de chaleur.

— Ta sensibilité diminue, atténuant ainsi la douleur si elle était encore présente. Par contre, tu continues à rester sensible au toucher.

— Ton ouïe devient plus aiguë, ce qui fait que tu entends tout ce qui est dit autour de toi.

— Tu n'as pas de vision périphérique; il faut alors que les tiens s'approchent très près de toi pour que tu les vois.

— Ton incapacité d'avaler les secrétions causent un bruit qu'on appelle râle. Ceci ne t'incommode pas et peut être enrayé facilement.

— Ta respiration change de rythme et peut devenir laborieuse.

— Comme certaines personnes, tu peux devenir inconscient. Ou comme d'autres encore, tu peux demeurer conscient jusqu'à la fin, sans communiquer.

— Ta physionomie peut prendre une allure rayonnante.

Témoignage

Nous avons connu un homme, lui-même accompagnateur des mourants, qui est cliniquement mort trois fois. Au cours de ses morts cliniques, il se sentait très bien, car il était envahi de la douce présence de Dieu. Ceux qui voulaient lui parler ou le faire prier à leur façon le dérangeaient dans sa méditation. Il décrit son état de détachement de la vie terrestre comme un état de paix et de joie d'une telle intensité qu'il n'en a jamais connu de pareil au cours de sa longue vie. Cet état ressemble à la description des extases mystiques. Le témoignage de cet homme rejoint celui de plusieurs autres survivants de la mort clinique.

PISTE DE CROISSANCE

Il serait bon de prendre avantage de ton dernier regain de vie pour accomplir les gestes suivants:

— Avertir tes proches de ce pressentiment.

Faire tes adieux et laisser tes dernières recommandations.

— Leur demander peut-être la permission de les quitter, ou encore leur offrir de porter leurs messages au Seigneur, à la Vierge Marie ou à des proches déjà décédés.

— Demander à la personne que tu as choisie de «veiller» avec toi. Lui donner tes instructions sur la façon dont tu veux être accompagné au cours des derniers moments (par exemple: des prières, une pièce musicale spéciale, un grand silence, un toucher de la main).

— Te rappeller ton «chant d'espérance» ou ta prière favorite.

— Recevoir la communion en «viaticum» ou «pain de passage».

— Te laisser porter par ta préparation: ton détachement, ton chant d'espérance, ta prière, ta foi, ton guide...

PRIÈRE

Seigneur, le mystère que je pressens est grand.
J'ai vécu toute ma vie de baptisé
    en préparation à cette rencontre
    dans l'espoir de la résurrection.
Que mon amour s'étende à la grandeur du tien,
    car je le sais, ma foi et mon espérance
    sont sur le point d'être comblées.
Que je puisse embrasser ce mystère
    dans la certitude que c'est mon retour
    à la maison du Père qui m'attend.
Par toi, Jésus, mon frère,
    dans l'unité du Saint-Esprit.
Père,
    entre tes mains
    je remets mon esprit.

HUMOUR

Je veux qu'on rie, je veux qu'on danse,
je veux qu'on s'amuse comme des fous.
Je veux qu'on rie, je veux qu'on danse,
quand c'est qu'on m'mettra dans le trou.

Refrain de la chanson
Le moribond, de Jacques Brel

À TOI
Ô DIEU DES VIVANTS
NOUS REMETTONS ENTRE TES MAINS

_____

AU MOMENT OÙ ELLE (IL) SE RETIRE
DE CE MONDE:
OUVRE-LUI TOI-MÊME
LES PORTES DE LA VIE ÉTERNELLE.

_____

EST RETOURNÉ(E) À LA MAISON DU PÈRE
LE _____
À _____

ALLÉLUIA!

28
Épilogue

Paix, paix! Il n'est pas mort, il ne dort pas.
Il s'est réveillé du rêve à la vie.

Shelley

À toi qui as suivi de près le cheminement d'un être cher, nous te tendons la main en signe de solidarité.

Avant de remonter, maille par maille, la déchirure du tissu de ton quotidien, nous te suggérons de prendre un moment pour revivre et assumer toute l'ampleur de l'événement que tu viens de vivre. Secoué par une expérience qui dépasse l'ordinaire et enrichi par un partage inédit, tu es bouleversé et ressens toute une gamme d'émotions. Nous t'invitons à te servir des chapitres sur les émotions, selon tes besoins. Surtout, nous t'invitons à trouver des moyens d'exprimer ton vécu à ta façon. Car le mystère que tu viens de vivre est grand.

Adieu à la personne décédée

Dans les chemins lumineux
d'une vie riche et profonde,
tu as brisé les liens
qui retenaient l'élan
de ton être hésitant.
Tu as su reconnaître
dans tes brouillons immenses
la vérité nue
de ta recherche intense.
Et au temps de l'orage
où ta vie s'est brisée,
tes peurs, souffrances et rages,
pêle-mêle, tu les as criées!
Adieu, ami, adieu,
que la Lumière nous guide
dans le désert ouvert
où son amour appelle.
Et qu'au jour de l'aurore
nous sachions retrouver
paix, joie et amour
dans nos êtres comblés.

(Denise Lussier-Russell)

Annexe 1

Renseignements pertinents

L'accès à une information claire sur ton état de santé et sur tes options de vie constitue un élément essentiel à ta prise en charge. En fait, c'est la seule façon de faire des choix lucides et pertinents. Nous voulons donc t'informer des choix de styles de vie. Une fois informé des possibilités, c'est à toi de faire l'inventaire des ressources de ton milieu.

Interrogations et informations

1. Où vivras-tu le temps de ta maladie et de ton mourir?

Ton état physique, ta condition sociale et financière auront une influence sur le choix du lieu où tu vivras le reste de ta vie; cependant, il existe aussi d'autres considérations importantes. En voici les grandes lignes:

a) À l'hôpital

Avantages	*Désavantages*
Grande sécurité	Milieu étranger
Aide accessible et rapide	Loin de tes «choses»
Consultation immédiate	Rythme de vie rapide
Visite quotidienne du médecin	Peu d'intimité
Repas préparés	Repas pas toujours selon tes goûts
	Peu de contrôle sur ton horaire

Si tu dois t'installer à l'hôpital, les suggestions suivantes pourront alors t'aider:

— Entoure-toi de «choses» qui te sont familières.
— Crée des liens autour de toi.
— Fais connaître tes besoins aux aidants.
— Choisis une personne qui garde tes proches au courant de ton état.
— Assure-toi que tes visiteurs assidus prennent des congés *régulièrement*.
— Vérifie la possibilité d'une courte visite au foyer familial.

b) À domicile

Avantages

Familiarité du milieu
Choix de ton horaire
Repas selon tes goûts

Désavantages

Plus grande insécurité
Stress et fatigue des soignants
Manque d'aide en cas d'urgence

Vivre la dernière étape de ta vie chez toi peut être une grande consolation pour toi et tes proches.

Voici un certain nombre de conditions essentielles pour la réussite de ton maintien à domicile:

- Une personne capable de prendre le rôle de soignant.
- Une aide médicale accessible au besoin.
- Un médecin qui fait des visites à domicile.
- *Quelqu'un qui remplace le soignant au moins une fois par semaine.*
- La possibilité d'avoir une aide familiale pour les tâches ménagères.
- La possibilité d'obtenir de l'équipement médical dont tu as besoin (lit, marchette, urinoir, etc.)
- Un aide infirmier qui enseigne à tes proches comment te soigner.
- La possibilité d'être réadmis à l'hôpital au besoin.

Si tu es encore capable de vivre seul, tu as besoin de pouvoir appeler à l'aide. Certains services comme «Lifeline» peuvent être d'un grand secours.

NOTA: Certaines agences de santé sont très bien organisées pour coordonner les services de santé à domicile.

c) Dans une institution de long séjour

Avantages	Désavantages
Rythme plus lent	Longue liste d'attente
À conseiller dans le cas d'un long échéancier	Caractère parfois impersonnel

d) Dans une maison de soins palliatifs/hospice

Ces maisons, quoique peu nombreuses, sont bien organisées pour aider les grands malades à vivre la dernière étape de leur vie.

Avantages	Désavantages
Personnel spécialisé	Peu nombreuses, donc peu de place
Aide à la famille	
Suivi de deuil	Présence d'autres mourants

Il est bon de s'informer au sujet des services spécifiques et des conditions d'admission de chacune de ces maisons.

e) Équipe de soins palliatifs/hospice

Ce genre d'équipe s'occupe particulièrement des mourants dans les hôpitaux, à domicile ou dans une maison spécialisée.

2. Avec qui voudras-tu vivre ta condition de malade?

Dans ta situation, tu dois identifier les personnes aptes à t'accompagner pour les besoins suivants:

Avec qui es-tu à l'aise pour t'ouvrir sur ce que tu vis?

À qui peux-tu demander d'être à ton écoute?

Qui semble être le plus apte à soutenir et à nourrir ta foi?

As-tu une équipe médicale en qui tu as confiance?

Leur as-tu demandé quelles options de soins s'avèrent possibles pour toi?

Qui peut t'aider à trouver un médecin, si tu n'en as pas déjà?

3. Quels genres de soins te conviennent maintenant?

La médecine, qui ne peut plus te guérir à ce moment, peut t'offrir beaucoup pour améliorer ton état. Tu dois donc être informé de toutes les possibilités de soins offerts et des effets attendus à la suite de ces soins. Disons qu'en principe les meilleurs soins viendront de la combinaison de l'expérience de ton corps et de tes désirs et des connaissances spécialisées de ton équipe soignante.

a) Soins traditionnels

La médecine traditionnelle continue de prodiguer des soins dont le but est de guérir tant et aussi longtemps que ceux-ci ne sont pas nocifs pour la personne. Dès qu'ils deviennent inutiles ou nuisibles, on cesse ce genre de soins, tout en prodiguant des soins de confort, tel le bain, le positionnement, etc.

b) Soins expérimentaux

Des soins expérimentaux peuvent être tentés dans le cas de certaines maladies. Ceci peut occasionner des déplacements ou des coûts particuliers. Les résultats de ces expériences pourraient servir à aider d'autres personnes. Il faut éviter surtout les grandes promesses de guérison de charlatans, promesses soumises à aucune vérification scientifique. Il s'agit pour toi de soupeser le gain possible contre le coût financier et émotionnel de ce genre de soins.

c) Soins palliatifs/hospice

Les soins palliatifs visent à améliorer la qualité de vie des personnes, quand leur guérison n'est plus réaliste. Le médecin analyse la condition de la personne malade et met ses connaissances médicales au service du contrôle de la douleur et des symptômes, tels que la constipation, la nausée, etc. L'infirmière met l'accent sur les soins de confort et enseigne à la famille comment donner ces soins. Ce genre de soins est donné par une équipe multi-disciplinaire, qui se préoccupe du soutien émotionnel et spirituel du patient et de sa famille jusqu'à la fin.

d) Soins mitoyens

Quand ton médecin ne parvient plus à contrôler tes symptômes et à assurer ton bien-être, tu peux toujours lui demander une consultation avec des experts en soins palliatifs pour le contrôle de la douleur et des symptômes.

e) Soins par la médecine douce

Certaines techniques dites de «médecine douce», telles que les massages, la réflexologie, l'acupuncture, etc. offrent une aide d'appoint précieuse pour l'amélioration de la qualité de vie du malade. Il est important que tu informes ton équipe médicale si tu as recours à ces soins, car ils pourraient être incompatibles avec les soins médicaux courants. Il faut aussi te garder des charlatans qui te font des promesses exagérées de guérison et qui peuvent devenir très nuisibles au plan physique, financier et émotionnel.

4. Quoi faire dans des situations spéciales

a) Directives en cas d'inaptitude

Pour maintenir ta dignité en cas d'incapacité de prendre des décisions, nous te suggérons de signer un testament biologique. Grâce à cette précaution, tu manifestes ton intention de ne pas prolonger ta vie d'une manière artificielle. Certains légistes suggèrent de donner un mandat écrit à une personne qui deviendra ainsi habilitée à prendre des décisions pour toi. Nous te renvoyons à l'annexe 2, qui te propose des formules à cet effet.

b) Situations épineuses

Si tu n'as pas de médecin traitant, il serait important que tu t'en trouves un; pour cela, adresse-toi à l'académie des médecins de ta région ou à une infirmière, ou bien parles-en au spécialiste qui t'a déjà traité.

Si tu es vraiment mal à l'aise devant ton médecin, tu peux en consulter un autre: pense d'abord à ton bien-être. Voici ce qu'il te faudrait faire pour ne pas te retrouver sans aide médicale ou être obligé de recommencer toutes les investigations médicales: demande à ton médecin de te référer à un autre médecin, ou au directeur médical de t'en assigner un nouveau.

c) Représentant du malade

Plusieurs hôpitaux désignent un représentant du malade qui aide à régler les conflits dans le milieu médical. Tout manque à ta qualité de vie et à ta prise en charge sont des raisons suffisantes pour demander l'aide de cette personne. S'il n'y a pas de représentant là où tu es, tu peux toujours t'adresser à une infirmière ou à l'aumônier, qui pourrait jouer ce rôle. L'important, c'est que tu sois en charge de ta qualité de vie sans avoir à t'épuiser.

Annexe 2

Testament biologique et mandat en cas d'inaptitude

1. Testament biologique

Je, soussigné, _____

résidant (adresse) _____

déclare solennellement ce qui suit:

Advenant qu'à un moment donné je me trouve dans un état qui me prive de ma pleine connaissance ou me rend autrement incapable de donner des directives à mon médecin quant aux traitements à me donner et que

    a) je souffre d'une maladie qui, de l'avis de deux médecins, est irréversible et incurable;

    ou que

b) mon mal, de l'avis de deux médecins, fasse de moi un malade en phase terminale;

j'ordonne ce qui suit:

1. Il ne me sera pas donné de traitement extraordinaire qui maintiendrait ou prolongerait ma vie, y inclus, mais non exclusivement, les moyens de maintien des fonctions vitales, l'alimentation nasogastrique, les antibiotiques, la réanimation cardiopulmonaire, la ventilation ou la chirurgie, etc.

   On arrêtera tout traitement ou forme de soins, y inclus, mais non exclusivement, les moyens de maintien des fonctions vitales, l'alimentation naso-gastrique, les antibiotiques, la ventilation pouvant maintenir ma vie de façon artificielle.

2. Je demande officiellement à ma famille, aux médecins et à toutes les personnes concernées par les soins à me prodiguer de respecter cette directive et de la considérer comme l'expression finale de mon droit de refuser un traitement médical ou chirurgical ou autres soins, et de subir les conséquences de ce refus.

3. Cette directive demeure en vigueur, sauf si je la révoque moi-même.

Fait en ce _____ jour de _____ 19 _____

Signature _____

2. Mandat en cas d'inaptitude

Fait à _____

Le _____

Je, soussigné, _____

advenant mon inaptitude, confie à _____

le mandat de:

> prendre toutes les décisions quant aux soins exigés par mon état de santé, dans la mesure où ils sont opportuns dans les circonstances, en tenant compte de mon opposition à l'acharnement thérapeutique et à l'administration de soins disproportionnés ainsi que de ma volonté de mourir dignement. Pour ce faire, j'autorise mon mandataire à refuser que je sois maintenu en vie par des moyens artificiels.

Mon mandataire devra exiger que me soit administré tout médicament susceptible de diminuer mes souffrances, même si cela devait hâter le moment de ma mort.

Mon mandataire pourra consulter mon dossier médical.

Mon mandataire devra autoriser le prélèvement sur mon corps de tout organe pour transplantation ou autres fins médicales.

Déclaration des témoins

Nous, soussignés, _____ et _____,

tous deux témoins à la signature de _____,

déclarons n'avoir aucun intérêt dans le présent acte et avoir constaté l'aptitude du mandant à agir.

En foi de quoi nous avons signé à _____,

ce _____,

en présence de (mandant) _____,

Signatures _____

_____

NOTA: Il est important d'inclure ces documents à tes dossiers médicaux.

Annexe 3

Registre de renseignements pertinents et de planification*

Cette annexe te propose une liste d'informations pertinentes afin de t'aider à bien préparer ton décès: documents importants, dossier financier, testament, soins du corps, planification des funérailles.

1. Renseignements pertinents

Nom _____

Adresse permanente _____

Date de naissance _____ Lieu de naissance _____

N° d'assurance sociale _____ Pays _____

Date de baptême _____ Église _____

---

* D'après M. Simpson, *The Facts of Death,* Toronto, Prentice Hall, 1979, p. 157-169.

Nom du père _____ Né à _____

Nom de la mère _____ Née à _____

Certificat de naissance _____

Certificat de citoyenneté _____

Autre(s) mariage(s) ❏ oui ❏ non

❏ Séparé ❏ divorcé ❏ veuf

Ancien(ne) époux(se) _____

Adresse _____

Service militaire: ❏ oui ❏ non   N° d'identité _____

Rang _____

Endroit où tous ces certificats sont conservés _____

Mandat en cas d'incapacité mentale (ci-joint)

Testament biologique (ci-joint)

Conjoint

Nom _____

Adresse _____

Marié(e) à _____

N° d'assurance sociale _____

Date de naissance _____ Date de décès _____

Lieu de naissance _____

Nom du père _____ Né à _____

Nom de la mère _____ Née à _____

Profession _____

Employeur _____

Autre(s) mariage(s): ❏ oui ❏ non

❏ Séparé ❏ divorcé ❏ veuf

Certificat de naissance _____ Certificat d'adoption _____

Certificat de mariage _____ Certificat de divorce _____

Service militaire: ❏ oui ❏ non N° d'identité _____

Rang _____ Date d'enrôlement _____

Endroit où ces certificats sont conservés _____

Famille

Enfants dépendants (faire la liste avec les renseignements suivants):

Nom _____

Adresse permanente _____

Date et lieu de naissance _____

Parents et amis à avertir

Nom _____

Adresse permanente _____

Téléphone _____

Organisations, clubs, sociétés

Nom de l'organisme _____ Représentant _____

Téléphone _____

Abonnements à annuler

Nom de la publication _____ Adresse _____

Endroits où sont conservés les documents suivants

Assurance-vie _____ N° de police _____ Bénéficiaire _____

Assurance maladie _____ N° police _____

Autres assurances: _____

Retour d'impôt: _____

Reçus officiels: _____

Budget et dépenses: _____

Cartes de crédit: _____

2. Dossier financier

Propriétés

Assurance-vie

Compagnie, téléphone, numéro de la police, bénéficiaire montant de la police, notes.

Agent d'assurance_____

Adresse _____ Tél. _____

Assurance-maladie et assurance sur les propriétés

Compagnies: adresse, téléphones, numéro des polices, bénéficiaires montant initial, notes.

Compte de banque

Nom et adresse des banques, type de compte, lieux où sont les livrets et relevés de compte.

Coffret de sécurité

Nom et adresse de la banque, numéro du coffret, endroit où se trouvent les clefs.

Transport d'effets de commerce et de valeurs mobilières

Compagnies, nombres de parts, numéros des certificats, dates, lieux, notes.

Noms et adresses _____

Achat de propriétés _____

(Distinguer les propriétés achetées conjointement et noter les noms et adresses de tous les propriétaires)

Propriété, lieu, date d'achat, coût, hypothèque, notes.

Emprunts, hypothèques, notes promissoires

Montant, date, compagnie, adresse, collatéral, entrepôt, co-signateurs.

Copie originale l'emprunt, lieu où les documents sont conservés.

Courtier _____

Compagnie d'hypothèque _____

Loyers, pensions, rentes annuelles, ristournes, redevances

Propriétés redevables: ❏ oui   ❏ non
Si oui, fournir les détails, le loyer, le bail, les montants, etc.

Pensions ou annuités: ❏ oui   ❏ non
Si oui, indiquer la source, les adresses et les montants

Propriétés dans un autre pays: ❏ oui   ❏ non
Si oui, produire une liste détaillée.

Actes fiduciaires

Droits, pouvoirs ou bénéfices
dans d'autres fiducies: ❏ oui   ❏ non
Si oui, produire une liste séparément.

Autres propriétés

Noter ce qui est applicable et faire une liste séparée des détails.

Intérêts copartenaires, intérêts dans des corporations, intérêts dans des polices d'assurances, dettes, montants dûs sur réclamation... loyers, autres intérêts, machineries, autres...

Le passif

Noter ici ton passif. Faire une liste détaillée des documents nécessaires. Hypothèques, emprunts, emprunts de caisse, emprunts de compagnie, de finance, emprunts personnels.

3. Testament

Testament: ❏ oui ❏ non

Rédigé le _____, revu le _____

Endroit où le testament est gardé: _____

Deuxième copie: _____

Testament biologique: ❏ oui ❏ non Endroit _____

Personnes clés

Exécuteurs testamentaires:

    Premier _____

    Deuxième _____

Notaire: _____

Comptable: _____

Thanatologue: _____

4. Soins du corps après la mort

Soins de mon corps immédiatement après la mort: vêtements, rituels particuliers...

Je choisis que mon corps soit enterré _____ incinéré _____
dans le cimetière _____

Je veux que mon corps soit donné
à l'école de médecine _____

Je permets qu'on fasse une autopsie,
si mon médecin le juge nécessaire _____

Je refuse qu'on fasse une autopsie _____

Je désire donner les organes suivants: (voir au verso de mon permis de conduire).

L'embaumement est contre mes principes religieux ou personnels, et je refuse d'être embaumé.

Signature _____

5. Planification des funérailles

Célébrant _____

Endroit désiré _____ Tél. _____

Société funéraire :

nom _____

adresse _____

Thanatologue : Je préfère organiser les détails
de mes funérailles.

Lot au cimetière : ❏ oui   ❏ non

Si oui, nom et adresse du cimetière _____

Numéro du lot (ou de l'entente) _____

Lieu où sont les certificats : _____

Je choisis…

un service funèbre (en présence de mon corps)
l'incinération immédiate sans service
l'enterrement immédiat sans service
un service commémoratif (sans la présence du corps)
un service d'adieu à la tombe
un service pour les intimes uniquement
un cercueil   ❏ ouvert   ❏ fermé
des heures de visites au salon   ❏ oui   ❏ non

Coûts approximatifs acceptables : _____

Autres volontés : _____

6. Mémorial

Je veux des fleurs: ❏ oui   ❏ non

Sinon, je veux qu'on fasse des dons à _____

NOTA: Même si la loi ne permet pas que ces volontés soient légalement obligatoires, j'espère que mes désirs soient, dans la mesure du possible, moralement obligatoires.

Attention: prends le temps de discuter avec tes proches afin de ne pas leur imposer des conditions inacceptables.

Signature: _____

Bibliographie

Beaulieu, C.(1989). «La peur ne me fait plus peur», dans *Je crois*, Québec, p. 19-23.

Bécotte, L. (1987). *En vue du grand départ*, Montréal, Les Éditions Paulines.

Bellet, M. (1988). *L'épreuve ou le petit livre de la divine douceur*, Paris, Desclée de Brouwer.

Berger, M. et Hortala, F. (1974). *Mourir à l'hôpital*, Paris, Le Centurion.

Bérubé, L. (1987). *Quand c'est une question de temps...*, Boucherville, Québec, Les Éditions de Mortagne.

Biffle, C. (1983). *The Castle of Pearls*, New York, Harper and Row.

Black, F. (1988). *Lettres à un ami sur la souffrance,* Ottawa, Novalis.

Bogin, M. (1982). *Maîtriser la douleur*, Montréal, Éditions le Jour.

Buckman, R. (1989). *«I Don't Know What to Say...» How to Help and Support Someone Who Is Dying,* Boston, Little, Brown and Company.

Bulliard, J. (1988). *Conduis-moi sur l'autre rive,* Paris, Médiaspaul.

Cameron, J. (1986). *Le chant de mes jours — un temps pour vivre, un temps pour mourir,* Montréal, Les Éditions Bellarmin.

Cassidy, S. (1987). *Sharing the Darkness: The Spirituality of Caring*, London, Longman and Todd.

Cesbron, G. (1982). *La regarder en face*, Paris, Éditions Robert Laffont.

Charest, S. (1987). *... et passe la vie — Réflexions sur la mort et sur la vie,* Sainte-Foy, Éditions Anne Sigier.

Chénier, H. et alt. (1990). *L'évolution psychospirituelle des intervenants en soins palliatifs,* Mémoire présenté à l'Institut de Pastorale de l'Université Saint-Paul, Ottawa.

Comeault, J., J.Drouin, J. Mayer, M. Mercier, G. Tremblay (1991). *Recherche sur les besoins psychologiques et spirituels des personnes en attente de la mort, et création d'un instrument d'auto-accompagnement.* Mémoire présenté à l'Institut de Pastorale de l'Université Saint-Paul, Ottawa.

Croteau, J. (1986, mai). «La souffrance a-t-elle un sens?», dans *L'Église Canadienne,* 19 (18), p. 555-559.

Dagenais, R. (1987). «L'accompagnement des mourants», dans *Communauté Chrétienne,* p. 131-136.

Delisle, I. (1989). *La visite et le soin des malades,* Ottawa, Novalis.

Delisle-Lapierre, I. (1981). *Vivre son mourir,* Québec, Éditions de Mortagne.

De Melo, A. (1978). *Sadhana: A Way to God,* Saint-Louis, Instiue of Jesuits Source.

De Montigny, J. et de Hennezel, M. (1990). *L'amour ultime,* Montréal, Stanké (Parcours).

Deschamps, P. (1978, octobre). «Besoins psychologiques et spirituels du malade», dans *Laennec,* 27 (1), p. 1-7.

Doucet, H. (1988). *Mourir, approche bioéthique,* Ottawa, Novalis.

Drœge, T.A. (1987). *Guided Grief Imagery: a Resource for Grief Ministry and Death Education,* New York, Paulist Press.

Dufay, R. (1975). *La maison où l'on m'attend,* Lyon, Chalet.

Feinstein, D. and P. Elliot Mayo (1990). *Rituals for Living and Dying,* San Francisco, Harper.

Fitchett, G. (1980). «Wisdom and Folly in Death and Dying», dans *Journal of Religion and Health,* 19 (3), p. 203-216.

Frankl, V.E. (1988). *Découvrir un sens à sa vie avec la logothérapie,* Québec, Les Éditions de l'Homme.

Gibran, Khalil (1981). *Le prophète,* Montréal, Éditions Sélect.

Graham, B. (1989). *La mort: point final ou deux points?,* Bâle, Éditions Brunnen Verlag.

Hétu, J.-L. (1989). *Psychologie du mourir et du deuil,* Montréal, Éditions du Méridien.

(1987, novembre) «Humaniser la mort», dans *Fêtes et saisons,* 419, p. 3-29.

Jomain, C. (1984). *Mourir dans la tendresse,* Paris, Éditions du Centurion.

Kasterbaum, R. et Aisenberg, R. (1972). *The Psychology of Death,* New York, Springle.

Kellehear, A., Lewin, T. (1988-1989). «Farewells by the Dying: A Sociological Study», dans *Omega,* 19 (4), p. 275-291.

Kübler-Ross, E. (1981). *La mort — dernière étape de la croissance,* Ottawa, Éditions Québec/Amérique Inc.

Kübler-Ross, E. (1990). *La mort est un nouveau soleil*, Montréal, Les Éditions Québécor.

(1990, novembre) «L'accompagnement des mourants. Quand vient l'heure pour ceux qu'on aime», dans *Revue Notre-Dame,* (10), p. 1-31.

(1989, mai-juin) «La mort a-t-elle un sens?», dans *Regard de foi*, 85 (3).

(1982, novembre) «La mort: un rendez-vous à ne pas manquer», dans *Revue Notre-Dame,* 10, p. 1-30.

Laot, L., Peiffer, D., Roudaut, S., (1984, janvier). «Dossier: La mort et si nous étions là pour nous aider à vivre», dans *Masses Ouvrières,* 389, p. 1-77.

Leclerc, E. (1991). *Sagesse d'un pauvre.* Extraits, Disque: Sel, Paris, Levain.

(1985, mars) «Le sacrement des malades», dans *Fêtes et saisons,* 393, p. 1-29.

Levine, S. (1982). *Who Dies? An Investigation of Conscious Living and Conscious Dying*, Garden City, N.Y., Anchor Press/Doubleday.

Levine, S. (1987). *Healing Into Life and Death*, Toronto, Doubleday, An Anchor Press Book.

Linn, D., Linn, M. (1987). *La guérison des souvenirs,* Paris, Desclée de Brouwer.

Marchadour, A. (1979). *Mort et vie dans la Bible,* Cahiers Évangile, Paris, Cerf.

Marcotte, M. (1975). *La mort, cette inconnue*, Montréal, Éditions Bellarmin.

Marzouki, M. (1990). *La mort apprivoisée,* Montréal, Éditions du Méridien.

Massyngbaerde-Ford, J. (1990). *Welcoming Heaven,* Connecticut, Mystic.

Michel, R. (1988). Notes du cours IPA 5552a: *Études de théologie pratique* (Accompagnement spirituel I), Université Saint-Paul.

Monbourquette, J. (1984). *Aimer, perdre et grandir,* Saint-Jean-sur-Richelieu, Les Éditions du Richelieu.

(1992). *Comment pardonner? Pardonner pour guérir — Guérir pour pardonner,* Ottawa, Novalis.

Montgomery, H. et M. (1979). *Par-delà la tristesse,* Ottawa, Novalis.

Moody, R. (1978). *Lumières nouvelles sur la vie après la mort,* Paris, Éditions Robert Laffont.

Munley, A. (1983). *The Hospice Alternative: A New Context for Death and Dying*, New York, Basic Books.

Nadeau, G. (1990, automne). «Si je traverse les ravins de la mort...», dans *Frontières*, 3 (2), p. 40-41.

New Nursing Skillbook (1984). *Dealing With Death and Dying*, Philadelphia, Springhouse Corporation.

Patterson, E. M. (1977). *The Experience of Dying*, Anglewood Cliffs, N.J., Prentice Hall.

Paul-Cavallier, J. F. (1990). *Mourir vivant — au risque de l'amour*, Montréal, Éditions Paulines.

Provencher, N. (1990). «L'onction des malades. Aspects théologiques et liturgiques», dans *Liturgie, Foi et Culture*, 24 (124), p. 36-42.

Quoist, M. (1954). *Prières*, Paris, Les Éditions ouvrières.

Rando, T. (1984). *Grief, Dying and Death: Clinical Intervention for Caregivers*, Illinois, Research Press.

Rapin, C.-H. (1989). *Fin de vie — Nouvelles perspectives pour les soins palliatifs*, Lausanne, Éditions Payot.

Rey-Mermet, T. (1976). *Croire I. Pour une redécouverte de la foi*, Limoges, Droguet & Ardant.

Rumbold, B. (1986). *Helplessness and Hope: Pastoral Care in Terminal Illness*, London, SCM Press.

Rupp, J. (1989). *Praying our Goodbyes*, Indiana, Ave Maria Press.

(1977) *Sacrements pour les malades. Pastorale et célébrations*. Rituel officiel, Paris, Chalet-Tardy.

Saunders, C. (1978). *Psychosocial Care of the Dying Patient*, New York, McGraw-Hill.

Schultz, R. (1976). «Meeting the Three Major Needs of the Dying Patient», dans *Geriatrics*, June 1, p. 132.

Sebag-Lanoë, R. (1986). *Mourir accompagné*, Alençon (Orne), Desclée de Brouwer.

Simpson, M. (1979). *The Facts of Death*, Toronto, Prentice Hall.

Sœur Geneviève (1978). *Mort, qui es-tu? Textes choisis*, Paris, Éditions du Cerf.

Teilhard de Chardin, P. (1957). *Le milieu divin*, Paris, Seuil.

Toos-Graber, A. (1989). *Deathing*, York Beach M.E., Nicolas Hays.

Tavris, C. (1989). *Anger, the Misunderstood Emotion*, New York, Touchstone.

Upson, N. (1986). *When Someone you Love is Dying*, New York, Simon and Schuster.

Vimort, J. (1984). «Mourir en vie», dans *Omega*, 28 (5), p. 48-66.

Vimort, J. (1987). *Ensemble face à la mort — Accompagnement spirituel,* Paris, Éditions du Centurion.

(1978, mars) «Vivre malade: Espoir et fragilité», dans *Revue Notre-Dame*, 3, p. 1-30.

Von Franz, M.-L. (1987). *On Dreams and Death,* Boston, Shambhala.

Wass, H. (1980). *Dying: Facing the Facts,* Washington, Hemisphere.

White, J. (1990). *Apprivoiser la mort*, Montréal, Les Éditions Québécor.

Table des matières

Avant-propos 5
Directives pour bien utiliser ce livre 7

Affronter
1 L'invitation au voyage 17
2 Le choc de la dure réalité 23
3 Choisir son attitude 33

Vivre
4   Plonger dans le moment présent 47
5   Vivre la colère et la culpabilité 57
6   Assumer la tristesse 69
7   Clarifier sa conception de la mort 77
8   Mettre à jour ses relations intimes 89
9   Contrôler la douleur 101
10 Mettre de l'ordre dans ses affaires 113
11 Le sacrement des malades 115
12 S'apprivoiser à sa mort 123
13 Intégrer les messages de ses rêves 137
14 Faire la relecture de sa vie 143

Transcender
15 Passer de l'espoir à l'espérance 155
16 Se pardonner 163
17 Célébrer les réalisations de sa vie 171
18 Prendre conscience des projets réalisables 177
19 Se préparer aux grands détachements 183

20	Dire «oui» à sa mort	189
21	Revoir son image de Dieu	197
22	Découvrir son identité spirituelle	203
23	Faire son testament spirituel	209
24	Reconnaître l'aspect prophétique de son vécu	217
25	Vivre dans la lumière de la résurrection	225

Mourir

26	Choisir un guide pour l'au-delà	235
27	L'immédiat de sa mort	241
28	Épilogue	251

Annexe 1
Renseignements pertinents 257

Annexe 2
Testament biologique
et mandat d'inaptitude 267

Annexe 3
Registre de renseignements pertinents
et de planification 271

Bibliographie 282